KB141260

자식농사
천하대본

자식농사 천하대본

초판 1쇄 발행 2015년 12월 1일
　　2쇄 발행 2019년 5월 1일

지 은 이 채성남
발 행 인 권선복
편집주간 김정웅
디 자 인 최새롬
마 케 팅 정희철
전 자 책 신미경
발 행 처 도서출판 행복에너지
출판등록 제315-2011-000035호
주　　소 (157-010) 서울특별시 강서구 화곡로 232
전　　화 0505-613-6133
팩　　스 0303-0799-1560
홈페이지 www.happybook.or.kr
이 메 일 ksbdata@daum.net

값 15,000원
ISBN 979-11-5602-297-8 03370

자식
농사

채성남 지음

천하
대본

차례

二章
독서를 좋아하는 아이로 키우세요

三章
사람을 사랑하는 아이로 키우세요

四章
자연을 즐기는 아이로 키우세요

여는 글

공부의 기본기는 책 읽기이다

관계를 잘해야 진짜 행복하다

유소년기는 자연이 스승이다

엄마가 변해야 아이가 변한다

훌륭한 경영의 리더들은 모두 좋은 경영자 이전에 좋은 철학자였
습니다. 부모 또한 아이에게 있어 가장 영향력 있는 경영자이자 리
더이니 자식 양육 이전에 좋은 철학자가 되면 좋겠지요.

농사에도 농부의 철학이 있어야 합니다. 하늘의 도리와 땅의 이
치를 거스르지 않는 지혜가 필요합니다. 밭농사 논농사도 이러한데
자식농사야 더 말할 것도 없지요. 부모님들의 지혜가 필요합니다.

요즘 대한민국 자식농사를 한마디로 표현하자면 '고비용 저효율'
이라고 할 수 있습니다. 아마도 사업을 경영한다면 절대로 쓰지 않
을 방법을 남들이 다 그렇게 하니까 따라하는 것 같습니다. 논에 무
조건 물을 많이 댄다고 좋을까요? 밭에 시도 때도 없이 비료를 뿌리
면 안 되겠지요.

손자병법 중에 우직지계迂直之計라는 말이 있습니다. 이 말은 지금

당장은 곧장 가지 않고 돌아가더라도 결국에는 먼저 도착하는 지혜를 이르는 말입니다.

하얼빈에서 광저우까지 경주하는데, 비행기 탑승 대기시간 4시간을 기다리지 못해 성급히 기차를 타는 사람이 있다면 이 사람을 가리켜 우직지계를 모르는 사람이라고 말할 수 있지요. 광저우까지 기차로는 37시간, 비행기로는 4시간이 걸리니까요. 무지無知한 농부가 저지른 발묘조장拔苗助長의 우愚를 아시나요? 벼가 더디게 자란다고 해서 억지로 잡아당기면 벼는 죽어버리고 맙니다. 이 역시 작금의 교육 세태에 시사示唆하는 바가 매우 큽니다.

이 책을 읽는 모든 부모들이 자녀들에게 다소 느린 듯 보이지만 실은 빠른, 황소걸음으로 배움의 길을 가게 하는 지혜를 깨닫기를 소망합니다. 나아가 자식농사를 잘 지을 수 있는 참다운 지혜, 유기농법有機農法을!

안타깝게도 우리나라의 교육 현장에는 세 가지 나쁜 풍조가 만연해 있습니다.

첫째, 흥미를 잃게 하는 교육 | 유대인들은 취학 전 아동에게는 읽기와 쓰기 교육을 지양止揚한다고 합니다. 의무인 유치원 교육에서도 놀이와 게임만을 가르친다고 합니다. 이는 공부에 대한 흥미를 잃지 않게 하기 위해서일 것입니다. 그런데 우리 대한민국의 교육은

어떻습니까. 우리나라만의 진풍경인 강요성 조기 사교육! 이러한 사교육 때문에 아이들은 학업에 흥미를 잃게 되고, 부모와 자식의 관계는 멀어지고, 급기야는 아이가 축복이 아니라 부담이 되어버린 것이 아닐까요.

출생 후 대졸까지 평균 양육비

2억 6,204만 원(2009년 : 한국보건사회연구원)

둘째, 독서를 강조하지 않는 교육 | 책 읽는 시간이 아깝답니다. 그 시간에 한 문제라도 더 풀어야 시험에 도움이 되니까요. 책 안 읽어도 시험 점수는 잘 나오니까요. 하지만 책을 읽지 않는 국민은 천박해질 수밖에 없습니다.

셋째, 자연과 멀어진 교육 | 과학 기술의 중요성을 목청 높여 외치면서 정작 과학의 어머니인 자연에게서 아이들을 빼앗아 격리 시키고 있습니다. 자연을 떠난 시험 위주의 교육 풍토에서는 창의력을 기대할 수 없답니다. 그래서일까요. 이 나라에는 학문 분야의 노벨상 수상자가 없네요.

법과 원칙을 잘 지키면 혜택이 많지만 지키지 않으면 폐해가 따릅니다. 교육원칙이 무너지니 자녀와 부모 모두가 힘들어 하고 있습니다. 자식농사 잘 지어보려다 부모와 자식의 관계가 금이 가는 이 안타까운 현실!

저비용 고효율低費用 高效率 자식농법인 유기농법이 정말 필요한 때입니다.

끝으로 제게 지혜를 주신 신神께, 기회를 주신 세종원 대표님께, 추천해 주신 분들께 감사드립니다. 아울러 도움을 준 딸, 아들, 그리고 늘 부족한 남편을 높여 주는 사랑하는 아내 조인선 님께 감사합니다. 물론 행복에너지 권선복 대표님과 출판 관계자 여러분께도 감사드립니다.

글쓴이 채성남

유기농법有機農法이란 무엇인가

화학비료나 성장촉진제, 여기에 농약까지 쓰는 농법이 바로 화학농법입니다. 이런 것들을 전혀 쓰지 않고 유기농으로 기른 채소보다 화학농법으로 기른 채소가 더 크고 또 싱싱해 보이지요. 그러나 잘 아시다시피 정작 우리 몸에 해롭지 않고 좋은 것은 작고 벌레 먹고 볼썽사나운 유기농 채소입니다.

저는 자식농사에도 이 두 가지 농법이 있다고 주장합니다. 물론 자식농사에도 화학농법이 편리합니다. 그래서 유소년기 때부터 앞 다퉈 사교육이란 화학비료를 쓰고, 강요된 조기교육이란 성장촉진제를 대량으로 먹이지요. 한편, 흥미를 유발시켜 스스로 공부하게 하는 자기주도 학습, 독서를 통한 참 지식 쌓기, 자연 친화적 창의력 교육 등은 참 좋은 유기농법이랍니다.

평범한 자녀가 창의력을 갖게 해 줍니다
평범한 자녀가 스스로 공부를 하게 합니다
평범한 자녀가 자존감과 긍지를 갖게 합니다
평범한 부모와 자녀의 관계를 친밀하게 합니다
평범한 부모와 자녀의 인격이 함께 성숙하게 합니다
평범한 부모가 감당할 수 있는 저비용 고효율 농법입니다

추천의 말

육군사관학교 31기 동창 기아자동차 사장 이삼웅

요즘 젊은이들은 굉장히 유능합니다. 참여Participation, 열정Passion, 힘Potential Power, 그리고 패러다임을 바꾸는 세대Paradigm-shifter답게 기성세대와는 완전히 다른 능력을 지니고 있습니다. 한 사람의 경영자로서 이처럼 유능한 젊은이들과 함께 일할 수 있다는 것은 굉장히 뿌듯한 일입니다.

저는 사원들에게 독서와 여행을 많이 하라고 강조합니다. 앞으로 세계시장을 개척해나가기 위해서는 지혜와 패기를 지닌 글로벌 인재가 필요하기 때문입니다. 그런데 한 사람이 할 수 있는 경험의 양은 제한되어 있습니다. 그러니 독서와 여행을 통해 간접경험을 많이 쌓으라고 권유하는 것입니다.

기업을 경영할 때 가장 힘든 것이 사람 관리입니다. 일이라는 게 사람의 손으로 하는 것이기 때문에 사람을 잘 관리하지 못하면 기업은 쇠퇴하기 마련입니다. 사람을 대할 때에 가장 주의해야 할 점은 당사자의 의견과 개성을 무시해서는 안 된다는 것입니다. 자식농사도 마찬가지입니다. 자식의 재능과 흥미를 알아야 꽃이 피어납니다. 부모의 조급함과 욕심 때문에 사랑스러운 자녀의 얼굴에 늘 그늘이 져서야 되겠습니까?

벗이 쓴 이 책『자식농사 천하대본』은 자식 키우는 방법에 대한 책이면서 동시에 부모님들에게 바치는 철학서입니다. 자식을 키울 때 정말 중요한 것이 무엇인지, 또 어떻게 하면 자식이 스스로 잘할 수 있게 하는지에 대한 책입니다.

벼는 주인의 발자국 소리에 큰다는 말이 있듯, 경영도 자식농사도 거저 되는 것은 없습니다. 『자식농사 천하대본』과 함께 내 자식을 내 기업이라고 생각하고 노력하신다면 '자식농사'에 대풍년이 들지 않을 리 없겠지요.

대학원 동문 이현용 사장

　추천의 글을 쓰기에는 너무도 부족한 저이지만 아마도 저자와 육사 동기며 고등군사반 동기요 대학원 동문인 것 때문에 이런 벌(?)을 받는 것이겠지요. 아무튼 저자의 강청에 못 이겨 두려운 마음으로 추천의 글을 쓰게 되었습니다.

　저자의 책을 읽기 전, 책의 제목만 보고서, 이런 종류의 책은 많은데? 내용이 뻔한 것 아니겠나 하는 생각을 가지고 읽었지요. 그런데 읽을수록 내용이 참 독창적이고 또 재미있더라고요. 읽기도 아주 편했고, 많은 부분 공감이 갔습니다. 읽다보니 저의 과거가 생각이 나기도 하고, 맞아! 그런데 왜 나는 이런 생각과 실천을 못했지? 하는 후회가 들기도 하더군요.

이 책의 큰 테마는
- 책을 좋아하는 자녀로 키워라
- 사람을 사랑하는 자녀로 키워라
- 자연을 즐기는 자녀로 키워라 인데

두 아들의 보모인 나 스스로에게
과연 나는 내 자녀들에게 부모가 책을 좋아하는 모습을 보여주었는가?
과연 나는 내 자녀들에게 사람을 사랑하는 모습을 잘 보여주었는가?
과연 나는 내 자녀들에게 자연을 즐기는 여유로운 모습을 보여주었는가?
묻게 되더군요.

우리 부모부터 먼저 준비되고 또한 변화 되기를 요구하고 있는 이 책은, 자식을 키우는 이 시대의 젊은 부모들에게 꼭 권하고 싶은 좋은 자녀교육 지침서가 아닌가 생각합니다. 물론 나처럼 손자 손녀를 키워야할 할아버지 할머니들에게도……

끝으로 좋은 책을 쓴 친구에게 진심으로 축하드리며, 이 책이 많이 읽혀져 훌륭한 후손들이 많아 많이 자라났으면 하는 바람입니다.

배재 중고교 동창 고려대학교 교수 홍기창

'크고자 하거든 남을 섬기라'는 모교 배재의 교훈을 평소 잘 실천해 온 저자
는 지난 30여 년 동안 한 달에 한 번씩 부부와 함께 형제 우의로 만나 온 저의 45
년 지기知己입니다. 추천의 글을 의뢰 받으면서, 책의 제목을 정하는 일이 매우 어
려운데 이 친구 제목 하나 제대로 잡았네! 라는 생각을 했습니다. 그렇습니다. 농
사도 천하대본이지만 인재가 최고의 자원일 수밖에 없는 우리나라에서는 자식
농사야 말로 천하대본입니다.

독서를 좋아하는 아이, 사람을 사랑하는 아이, 자연을 즐기는 아이로 키우
자? 전인교육의 핵심을 담은 좋은 착안입니다. 만약 이 책에 피력한 저자의 교육
철학과 교육방법으로 자녀들을 키워서 저희 대학에 보내 주신다면 국가와 사회
가 필요로 하는 동량으로 정말 잘 육성시킬 수 있겠다는 생각이 절로 듭니다.

농사를 잘 지으려면 숙련된 농부에게 물어보아야 하듯 자식농사를 잘 지으려
면 자식을 훌륭하게 키운 분에게 물어보는 것이 현명한 방법일 것입니다. 저자는
분명 훌륭한 자식농사꾼입니다. 그의 명쾌한 철학과 실천하기 쉬운, 그러나 효
과는 엄청난 지혜가 가득한 『자식농사 천하대본』을 여러분께 자신 있게 추천드
립니다.

이 책이 여러분과 여러분의 자녀들을 함께 변화시킬 것입니다. 우보천리牛步千
里라는 말이 있습니다. 학문의 길도 종종걸음이 아닌 소걸음으로 가자는 저자의
생각에 정말 공감합니다. 아무튼 이 좋은 책이 널리 널리 읽혀지는 책이 되어 이
나라의 교육 풍토를 바로잡는 데 크게 쓰임 받기를 기대합니다.

고향 친구 김호근

저는 저자와 순진무구한 유년 시절을 함께 보낸 고향 정선 친구입니다. 초등학교 5학년 때 저자와 헤어진 후 인생의 쓴맛 단맛을 다 본 오십 고개에서 다시 만나 우정을 지속하게 된 지도 어느덧 10년. 그동안 저자와 나누었던 소중한 대화의 편린들과 삶의 철학들이 이 한 권의 책에 함께 엮어져 출간된 것을 기뻐하며 진심으로 축하합니다.

이 저서는 두 자녀를 훌륭하게 성장시킨 한 아버지의 고백서이자 자녀교육의 이정표를 제시해 주는 교훈서입니다. 이 책은 삶의 향기가 가득 묻어나는 책입니다. 저자의 언행일치의 진솔한 삶이 배어 있기 때문입니다. 저자는 신앙인으로서, 자식의 부모로서, 어버이를 모시는 자식으로서 저의 롤모델이 되고 있습니다. 이 책을 통해 미처 헤아리지 못한 저자의 심연을 들여다보니 저자의 겸손한 삶의 자세에 절로 고개가 숙여집니다.

초등학생 자녀가 있는 한 가구당 사교육비 부담이 서울시의 경우 월평균 42만 원이나 된다고 합니다. 이렇게 많은 사교육비를 들이고도 자녀들이 올바르게 성장하고 있지 않다면 큰 문제입니다. 요즘 젊은이들은 교육 정도에 관계없이 이혼, 정신병, 가족을 포함한 대인관계 갈등 등의 문제로 불행해지는 경우가 많은 것 같습니다.

오늘날 자녀들에게 삶의 의미를 알게 하고 자존감을 갖게 하는 것은 너무나 중요합니다. 이 책이 이에 대한 명쾌한 해법을 제시해 주고 있습니다. 이 시대를 살고 있는 모든 부모님들께서 필독하시고 아울러 자녀를 낳고 키워야 하는 자식들에게도 선물해 주실 것을 진심으로 권해드립니다.

一章

자식농사를 위한 열두 가지 질문

황금 천 냥이 자식 교육만 못하다. — 한국 속담

자식은 왜 낳으셨나요

행복을 위해서 낳았지요!

그런데 행복하려고 낳은 자식이 오죽하면 '무자식이 상팔자'란 속담이 있겠습니까? 이는 자식농사 잘못 지은 분들의 한탄이지요. 그러니 행복해지려고 낳은 자식이 애물단지가 되지 않도록 잘 키워야 하겠지요.

'세 살 버릇 여든까지 간다.'는 속담을 아시지요? 세 살 머리도 여든까지 가고, 세 살 관계도 여든까지 갑니다. 자식이 어릴 때 즉, 영유아기 때는 정말 중요합니다. 이때 아이들의 뇌가 거의 다 자라고 부모, 특히 아빠와의 애착 관계가 결정된다고 해도 틀린 말이 아닙니다. 자식과 평생 행복하게 살아가려면 자식과의 관계가 좋아야 합니다.

관계를 좋게 하는 방법은 사랑입니다. 사랑을 줘야 합니다. 사랑을 주려면 함께해야 합니다. 말로만 하는 사랑? 돈으로 때우는 사랑? 소용없습니다. 피부로 하는 사랑이 최고입니다. 대화를 나누는 사랑이 꼭 필요합니다. 자식이 어렸을 때 어떻게 해서라도 함께 하셔야 합니다.

'무자식이 상팔자'라고요? 천만의 말씀입니다. 자식을 탓하지 마시기 바랍니다. 모든 문제아 뒤에는 문제 부모가 있습니다. 만약 자식이 잘못 컸다면, 자기 기대에 못 미치게 자랐다면, 그 원인의 절반 이상은 부모에게 있습니다. 자식양육에 대한 철학은 자식을 낳기 이전에 세워야 좋습니다. 자식을 잘 키우고 싶다면 먼저 자식농사에 대한 철학부터 세우는 것이 좋겠지요!

지요막여교자
至要莫如教子

'자식을 가르치는 것보다 중요한 것이 없다.'

일찍이 공자께서 하신 말씀입니다.

자식농사가 이렇게 중요하다 보니 이는 모든 부모의 고민이 아닐 수 없습니다.

"그저 행복하게 살기를 바랄 뿐이지요."

"자기 적성에 맞는 직업을 택해야 행복하겠지요."

"공부 잘해 좋은 대학 나와서 돈 많이 버는 직업 갖고 좋은 배필 만나 아들딸 낳고 건강하게 행복하게 살면 더 바랄 것 없겠네요."

이렇게 모두가 자녀들이 행복했으면 좋겠다고들 말씀하시는데, 그렇다면 행복은 과연 무엇일까요. 알고 계시나요?

솔로몬을 아시죠? 역사상 솔로몬처럼 돈과 명예와 권력, 거기에 여인들까지 한꺼번에 누리며 산 사람은 없다고 말해도 결코 과언이 아닐 것입니다. 그런 그가 말년에 한 말은 "헛되고, 헛되고, 헛되도다!"였지요. 아무리 돈을 많이 벌어도, 아무리 빛나는 명예를 얻어도, 아무리 힘센 권력을 잡아도 행복하지 못한 사람들이 의외로 많다는 것 아시나요?

사람은 사회적 동물이기 때문에 서로 관계하며 살아갑니다. 사람은 관계를 맺는 범주 안에서 영향을 미치며 살다가 가지요. 관계는 삶의 행복과 아주 밀접합니다. 관계는 '무엇을 얻느냐.'보다 '무엇을 주느냐.'에 의해 결정됩니다. 주는 것은 관계를 좋게 하는 현명한 방편이지요. 자식들의 진정한 행복을 원한다면 관계를 좋게 할 줄 아는 사람으로 키워야겠지요?

자식의 행복을 위해 책과의 관계, 사람과의 관계, 자연과의 관계를 잘 맺을 수 있는 지혜를 이 책에 담아 보았습니다. 호好, 애愛, 락樂! 독서를 좋아하고 사람을 사랑하고 자연을 즐기는, 저비용 고효율의 유기농법有機農法을……

도대체, 행복이란 무엇인가요

행복이 무엇인지 알 수는 없잖아요 / 당신 없는 행복이란 있을 수 없잖아요 / 이 생명 다 바쳐서 당신을 사랑하리 / 이 목숨 다 바쳐서 영원히 사랑하리 / 이별만은 말아줘요 내 곁에 있어줘요 / 당신 없는 행복이란 있을 수 없잖아요

— 〈행복이란〉, 조경수

조승우라는 배우를 아시지요? 저도 참 좋아하는 배우입니다. 이 가사는 그의 아버지가 7080시절에 불러 히트한 노래의 1절 가사입니다. 그렇다면 행복이란 무엇인가요. 인터넷에서 검색해 보면 매우 다양한 답변에 놀라시겠지만 고개를 끄덕이며 "그래, 바로 이거야!" 하고 마음에 딱 와닿는 답변을 찾기는 매우 어려울 겁니다.

오죽하면 독일 시인 칼 부세가 이렇게 읊조렸을까요.

저 산 너머 멀리 헤메어 가면 / 행복이 산다고들 말하기에 / 아! 남
들과 어울려 찾아갔건만 / 울고 남은 눈물하고 되돌아왔네 / 저 산 너
머 멀리 그 멀리에는 / 행복이 산다고들 말하건만

— 「저 산 너머」, 칼 부세Karl Busse

행복이란 동서고금을 막론하고 인류가 추구하는 보편적 가치이
자 최고의 목표입니다. 그러나 막상 "행복이 무엇입니까?"라고 물으
면 백이면 백 그 답이 다르답니다. 심지어 행복이란 뜻을 가진 순수
우리말이 아예 없다고 하는군요. 행복이 무엇인지 알 수는 없지만
이럴 때 행복하지 않을까요?

좋아할 때 행복합니다!
즐겨할 때 행복합니다!
사랑할 때 행복합니다!

사士, 師자로 끝나는 직업에는 오늘날 엄마들이 장차 자신의 자녀
가 성인이 되어 가졌으면 하는 선망의 직업들이 많이 있지요. 의사,
판검사, 변호사, 회계사, 변리사 그리고 또 무엇이 있을까요?

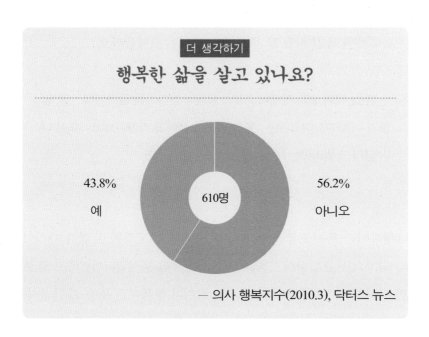

행복한 삶을 살고 있나요?

43.8%
예

610명

56.2%
아니오

— 의사 행복지수(2010.3), 닥터스 뉴스

　위 표는 2010년 3월에 의사 610명을 대상으로 '행복한 삶을 살고 있나요?' 하고 설문한 결과랍니다. 의외이지요? 응답자의 56.2%나 되는 의사 선생님들께서 "아니오."라고 답하셨다니, 참 뜻밖이지요. 엄마들이 제일 선망하는 직업 중 하나가 의사요, 많은 엄마들이 의사 못 시켜서 안타까워들 하시는데 정작 그 의사들의 절반 이상이 행복하지 않다니요.

　'행복은 부와 명예와 권력이 있다고 해서 꼭 이루어지는 것이 아니구나.' 하는 생각이 들지요? 그렇다면 우리의 자녀들이 생각하는 행복이란 과연 무엇일까요.

앞의 설문 결과를 보고 여러 가지 생각을 하셨을 것입니다. 저도 그랬으니까요. 제 아들의 경우 웬만한 의대는 갈 수 있을 정도의 실력이 있었답니다. 그런데도 저희 부부는 아들에게 의사의 길을 갈 것을 강요하지 않았습니다. 왜냐고요? 제 아들이 좋아하고 즐거워하고 보람을 느끼지 않는다면 그 어떤 직업도 아들을 행복하게 할 수 없다고 생각했기 때문입니다. 고등학교 3학년 때 심야에 상영하는 인기 메디컬 드라마를 몇 달 동안 보던 아들이 하는 말. "아빠! 저에게는 의사라는 직업에 대한 사명이 없는 것 같아요!" 솔직히 기분이 썩 좋지는 않았답니다. 하지만 그 길이 아들에게 행복을 줄 수 없다면 부모인 저의 욕심은 접는 것이 바른 도리라고 생각했지요.

옹야 18. 지지자 불여호지자 호지자 불여낙지자
知之者 不如好之者 好之者 不如樂之者

옹야 18장에서 공자께서 하신 이 말씀의 참뜻이 잘 드러난 사례를 하나 들어 보겠습니다. 여러분, 김연아 선수를 아시지요? 참 자랑스러운 대한민국의 딸이지요. 그렇다면 그녀의 안무 코치가 누군지 혹시 아시나요?

"관중석에서 보다 눈물을 흘렸다. 도저히 그 연기를 믿을 수 없었다. 진짜 믿을 수 없고, 굉장했다. 그녀의 스승인 게 너무 자랑스럽다.”고 말한 사람! 바로 데이비드 윌슨입니다. 김연아의 연기가 얼마나 훌륭했으면 코치가 이렇게까지 감동했을까요.

제가 볼 때 데이비드는 훌륭한 안무가이기도 하지만 좋은 철학자哲學者라고 생각합니다. 저는 모 방송 인터뷰에서 그가 한 말에 큰 감동을 받았답니다. “저는 연아를 만난 후 연아에게 즐기는 법을 가르쳐주고 싶었습니다.”

서로 만난 지 얼마 되지 않은 그때에 이미 그녀에게 제일 필요한 것이 다름 아닌 즐기는 것이었음을 간파한 지도자! 그런 데이비드가 참 멋지지 않나요? 이것은 그가 나름의 철학을 갖고 있었기에 가능했던 일이지요.

저는 데이비드 코치를 행복 전도사라고 부르고 싶습니다. 데이비드 코치를 만나기 전까지 우리의 자랑 연아 선수는 결코 행복하지 않았던 것 같습니다. 데이비드 코치를 만나기 전의 김연아 선수는, 비록 피겨 스케이팅에 대한 재능이 남달랐고 남들 보다 월등히 잘 탈 수 있었지만 즐기는 법을 몰랐기에 행복하지 못했고, 그로 인해 더 높은 경지에 이르지도 못했던 것으로 보입니다.

피겨 스케이팅을 좋아하지 않고도 잘 탈 수는 있습니다. 재능만 있다면 기술과 동작을 배워 열심히 연습하면 됩니다. 그러나 열심히 해서 잘 타는 것과 피겨 스케이팅 자체를 좋아하고 즐기는 것은 엄연히 다릅니다. 이제 ‘아는 것이 좋아하는 것만 못하고 좋아하는 것이 즐기는 것만 못하다.'고 하신 공자님의 가르침이 이해가 되지 않습니까?

공부를 좋아하지 않는 아이도 공부를 억지로 시켜 시험을 잘 보게 할 수는 있습니다. 그러나 시험점수가 진정한 실력이나 지혜라고 말할 수는 없지 않나요? 이해를 돕기 위해 제가 군軍에서 대대장을 할 때 이야기 하나 해 드리지요.

대대에 신병들이 전입을 해서 오면 제가 신고를 받습니다. 신고 후 제 방에 둘러앉아서 함께 차를 마시며 환담을 나누는데 이때 제가 그들에게 꼭 물어보는 말이 있었지요.

"사격해서 스무 발 다 명중시킨 사람?" 그러면 어쩌다 한둘 손을 들지요. 저는 계속해서 묻습니다. "19발 맞춘 사람? 18발? 17발? 16발?" 이렇게 계속해서 묻다 보면 적어도 16발까지 맞춘 병사들은 자랑스럽게 손을 들지요. 그러나 그 밑으로 내려가면 갈수록 마치 죄진 사람처럼 마지못해 손을 듭니다. 그러면 제가 말합니다. "사격 점수가 낮았던 여러분! 기죽을 필요 없어요! 포탄이 비 오듯 퍼붓는 전장에서 과연 조준 사격을 할 수 있을까요? 매우 어렵다고 합니다!"

저항하지 않는 표적을 향해 쏜 사격점수는 진짜 점수가 아닙니다. 전장戰場은 결코 그런 상황이 아니니까요.

성공은 또 뭔가요

누구나 행복을 원하듯이 누구나 성공을 원하시지요, 간절히. 그 렇다면 성공이란 무엇인가요? 알아야 성공의 길을 갈 수 있겠지요? 우선 사전부터 찾아보지요.

[성공成功] 1. 뜻한 것이 이루어짐 2. 목적을 이룸 3. 사회적 지위地位를 얻음

한자를 살펴보면 이룰 성成자와 공功자를 합쳐서 성공이라는 낱 말을 만들었는데 문제는 이 공功자에 있답니다. 성成자는 뜻이 단순 명확한데 공功자가 그렇게 간단하지 않다는데 문제가 있습니다. 공 을 사전에서 찾아보면,

[공功] 1. 공, 공로, 공적 2. 일, 사업 3. 보람, 업적業績, 성적成績

공功의 사전적 의미로만 보자면 성공成功은 공로를 이루는 것, 사 업을 이루는 것, 보람을 이루는 것, 공부를 이루는 것입니다. 이 중

어느 하나, 또는 이 모두를 성공이라고 해도 무방하겠지요?

일반적으로 성공이란 부와 명예와 권력을 쌓아가는 인생길에서 세상이 인정할 만한 업적 또는 성적을 이룬 것을 말하지요. 그러나 이 정의에 대해 이견을 갖는 분들도 계시지요? 특히 돈, 명예, 권력을 가볍게 여기시는 분들은 일반적인 정의보다 더 나은 성공이 있지 않을까? 하고 생각하지요.

성공. 무엇이라고 정의하십니까? 내가 이룰 수 없다고 해서 다소 엉뚱한 것을 성공이라고 정의하고 위로 삼고 사는 것도 그렇게 나쁘다고는 할 수 없겠지만, 다수가 공감이 가는 성공에 대한 멋진 정의를 알고 계신다면 제 이메일로 연락주세요!

chaedro@naver.com

최근에 큰 공감을 느끼며 읽은 양광모 님의 『인생을 바꾸는 위대한 질문』에서 본 글을 하나 소개합니다. 미국의 경영철학자 짐 콜린스Jim Collins의 정의입니다.

'성공이란, 나이가 들수록 가족과 주변 사람들이 점점 더 나를 좋아하게 되는 것.'

대인관계를 잘하는 아이로 키우시나요

　행복은 상당부분 관계에 의존합니다. 관계에는 여러 가지가 있지요. 그중에서도 사람과 사람의 관계가 제일 중요한데, 이를 대인관계對人關係라고 합니다. 혹시 주변에 대인관계 하면 떠오르는 분이 있으신가요?

　대인관계를 잘하고 싶지요? 잘하고 싶다면 어떻게 하는 것이 좋다고 생각하십니까. 제 생각으로는 가장 먼저 해야 할 것이 부모님과의 관계를 잘하는 것이고, 그 다음이 형제와의 관계를 잘하는 것이라고 봅니다.

　가정은 대인관계의 시작이자 가장 좋은 훈련장입니다.

자식농사 천하대본

효경 제9장.

그 어버이를 사랑하지 않으면서 다른 사람을 사랑하는 자는 덕에 어긋난 것이고, 그 어버이를 공경하지 않으면서 다른 사람을 공경하는 자는 예에 어긋난 것이니라.

낳아주신 부모님조차 사랑하지 않고 남을 사랑한다는 것은 덕에 어긋난다고 하신 공자님 말씀은 옳은 말씀입니다. 갚을 길 없는 은혜를 입은 부모님을 사랑하지 않는데 다른 사람을 사랑할 수는 없지요. 있다면, 그것은 사랑하는 척하는 것이겠지요. 사이비似而非 사랑일 가능성이 매우 높다는 말입니다.

남을 사랑하기 전에 부모 사랑, 형제 사랑을 먼저 실천하는 것이 바른 순서이지요. 특히 돌아가신 후 제사를 잘 지내기보다 살아 계실 때 효도해야죠. 생전에는 불효하다가 나중에 제사에 목숨 거는 분들, 많이 계시지요?

관계를 잘하고 싶으세요? 논어를 읽어 보세요!

사대문 이름 다 아시나요?

문제입니다. 다음 빈 공간에 들어갈 글자를 맞춰보세요.

동대문-흥○문, 서대문-돈○문, 남대문-숭○문, 북대문-소○문

아마도 다 맞추시는 분이 그리 많지는 않으리라 봅니다. 새 도읍 한양을 세우는 큰 역사役事를 지혜롭게 총괄 지휘하신 분이 정도전 님이시지요? 유학자이셨던 이분께서는 조선이 대대로 군자君子가 통치하는 나라가 되길 꿈꾸셨던 것 같습니다. 유교의 5상五常인, 인의예지신을 사대문 이름 중간중간에 넣어 짓고 현판에 새겨 부르도록 했지요.

그렇다면 문제의 답은 무엇일까요. 정답은 바로 흥인문, 돈의문, 숭례문, 소지문!

북대문은 원래 소지문炤智門으로 불러야 하지만 무슨 연유에선지 숙청문으로 부르다가 훗날 다시 숙정문으로 바꿔 부르게 되었지요. 그런데 인仁의義예禮지智는 있는데 신信은 없네요. 어디로 갔을까요? 보신각普信閣에 있답니다. 무너진 숭례문처럼 무너진 이 나라의 예禮! 속히 다시 세워야겠지요. 부모님과의 관계를 위해서도 그렇고, 형제와의 관계, 나아가 모든 사람과의 관계를 잘하게 하려면 예를 알고 예를 지키는 자녀로 키우면 좋습니다.

인仁의 의미에 대해 생각해본 적 있나요

공자님의 가르침을 단 한 글자로 표현한다면 인仁이지요.

인仁은 사람 인人 변에 두 이二자의 합입니다. 사람과 사람 사이의
그 무엇, 그것을 표현하고자 하는 한 글자로 이해할 수 있답니다.

사람과 사람 사이의 교제를 관계라고도 하지요? 인은 관계의 요
체要諦! 그러니까 논어는 관계의 지혜智慧를 담고 있답니다.

저는 논어를 공부하면서 인仁을 어질다고 해석한 글들을 볼 때마
다 "인仁은 더 포괄적인 의미를 담고 있는데, 인仁을 어질다고 해석하
면 정확한 의미를 전달할 수 없는데……." 하는 생각을 해 왔답니다.

인仁은 공자께서 가르친 유교의 도덕 이념 또는 정치 이념의 핵심
이지요. 그렇다면 그 핵심 이념이 '어질다.'일까요? '어질다.'는 것으
로 유교의 이념을 다 설명할 수 있다고 보시나요? 인仁은 오상五常:

자식농사를 위한 열두 가지 질문

인, 의, 예, 지, 신의 하나이면서 모든 덕의 기초요, 나아가 모든 덕의 합이기도 합니다.

공자께서는 애제자 안회가 묻자, 인仁을 극기복례克己復禮라고 설명하시고, 거듭해서 묻는 번지라는 제자에게 마침내 인仁은 애인愛人 즉, 사람을 사랑하는 것이라고 가르치셨지요. 이해를 돕기 위해 제자들의 인仁에 대한 질문을 몇 가지 모았습니다.

번지樊遲 3문

옹야 20. 번지문 문인 왈 인자선난이후획 가위인의

樊遲問 問仁曰 仁者先難而後獲 可謂仁矣

"어려운 것을 먼저 하고, 얻는 것을 나중에 하면 가히 인仁하다고 할 수 있다."

안연 22. 번지 문인 자왈 애인

樊遲 問仁 子曰 愛人

"사람을 사랑하는 것이다."

자로 19. 번지 문인 자왈 거처공 집사경 여인충 수지이적불가기야

樊遲問仁 子曰 居處恭 執事敬 與人忠 雖之夷狄不可棄也

"거처할 때 공손하며, 일을 집행할 때 정중히 하며, 남과 일할 때 정성을 다하면, 비록 오랑캐 나라에 가더라도 버림받지 않을 것이다."

자식농사 천하대본

안연 2. 중궁 문인 자왈 출문여견대빈 사민여승대제 기소불욕 물시어인

仲弓 問仁 子曰 出門如見大賓 使民如承大祭 己所不欲 勿施於人

재방무원 재가무원

在邦無怨 在家無怨

"문밖에 나서면 마치 큰 손님을 뵙듯이 하며, 백성을 부릴 때는 큰 제사 받들 듯이 하고, 자기 하고 싶지 않은 것을 남에게 시키지 말아야 한다. 이렇게 하면 조정에 있어도 원망이 없고, 집에 있어도 원망이 없다."

인仁에 대한 제자 번지의 세 번에 걸친 질문에 대해 매번 각각 다른 답변을 하신 공자께서는 중궁이라는 제자가 묻자 또 다른 답변을 하십니다. 왜 이렇게 매번 다른 답변을 하셨을까요.

공자께서는 인仁이란 한 글자 속에 인간관계를 잘하기 위해 필요한 것을 모두 넣길 원하셨던 것 같습니다. 그렇기 때문에 공자의 가르침은 '인仁' 한 글자로 말할 수 있는 것이 아닐까요?

자식농사를 위한 열두 가지 질문

유학의 청량한 샘 논어

한강의 발원지가 검단소라면, 유학의 발원지는 논어라고 할 수 있습니다.

공자어록孔子語錄인 논어論語란?

아홉 글자로 말하자면 수신제가치국평천하修身齊家治國平天下

여덟 글자로 말하자면 도지이덕 제지이례道之以德 齊之以禮

일곱 글자로 말하자면 교언영색 선의인巧言令色 鮮矣仁

여섯 글자로 말하자면 인지본 효제야仁之本 孝弟也

다섯 글자로 말하자면 인의예지신仁義禮智信

네 글자로 말하자면 경세제민經世濟民

세 글자로 말하자면 관계학關係學

두 글자로 말하자면 충서忠恕

한 글자로 말하자면 인仁

인仁이란?

인仁 : 애인愛人

신信 : 인자 기언야인仁者 其言也訒

그 말을 참는도다

지智 : 기소불욕 물시어인己所不欲 勿施於人

자기가 하고 싶지 않은 바를 남에게 시키지 말아야 한다

예禮 : 극기복례위인克己復禮爲仁

자기를 극복하고 예로 돌아가는 것이다

의義 : 인자 선난이후획仁者 先難而後獲

어려운 것을 먼저 하고, 얻는 것을 나중에 한다

논어의 가장 핵심적 사상 인仁에 대한 공자님의 주요 답변을 아래부터 의, 예, 지, 신 순으로 가르침의 탑을 쌓고 꼭대기에 인仁에 대한 가르침 애인愛人을 올렸답니다. 이제 인仁이 무엇인지 이해가 좀 되시는지요? 이제는 제가 왜 인仁을 '어질다.'로 표현하는 것이 좀 부족하다고 했는지 이해가 되시지요? 그렇다면 어떻게 표현하면 좋을까요? 그냥 '인하다.'로 표현하는 것이 낫다고 봅니다. "인이란 사람을 사랑하는 것이니라!", "인이란 그 말을 참는 것이다."이렇게요.

공부를 좋아하게끔 키우시나요

중국은 다시금 공자를 추켜세우기 시작했습니다. 세계를 지배하기 위한 문화의 아이콘으로 공자를 택한 것이지요. 우리나라 이병철 삼성 창업자의 애독서이며 정주영 현대 창업자의 정신적 바탕으로 알려진 공자의 어록 논어!

학이.1 학이 시습지 불역열호
學而 時習之 不亦說乎

만주족이 세운 청나라 시대 때 강건지치康乾之治의 태평성세太平聖歲를 활짝 연 명군 강희제조차도 만세사표萬世師表라고 높인 공자! 동양 최고의 스승인 공자님께서는 학문은 매우 기쁜 것이라고 말씀하셨습니다.

학문 즉, 공부는 지혜를 알아 가는 것입니다. 지혜를 알아가는 기쁨을 깨닫게 하는 슬기가 필요하지 않을까요?

"제발 공부 좀 해라! 공부 좀 해!" 하는 말을 듣고 마지못해, 억지로 공부하는 아이가 아니라, 지혜가 가져다 줄 자신의 미래를 꿈꾸며, 너무너무 기쁘고 즐거운 나머지 스스로 열심히 공부한다면 어떨까요. 상상만 해도 좋지 않나요? 이것이야말로 모든 부모님들의 바람이 아닐까요. 그렇게만 된다면 얼마나 행복할까요. 자식을 그렇게 만들기 위해 지금 무엇을 어떻게 하고 계신가요.

많은 부모들이 자신의 아이들을 남과 비교하길 좋아합니다. 하지만 비교를 당하는 아이들은 결코 기쁘지 않습니다. 특히 아이의 성적을 다른 아이와 비교하는 것은 역효과를 낳기 쉽습니다. 남과의 경쟁이 아닌 나와의 싸움을 하는 자녀로 키우시기 바랍니다.

배우고 때때로 익히니 이 또한 기쁘지 아니한가.

서둘러 지치게 하지 마세요

자로 .17 무욕속 무견소리 욕속즉부달 견소리즉 대사불성

無慾速 無見小利 欲速則不達 見小利則 大事不成

"서두르지 말며, 작은 이익에 구애되지 말아야 한다. 서두르면
일을 달성하지 못하고, 작은 이익에 구애되면 큰일을 이루지 못
한다."

유대인의 격언 중 '배에 올라 앞으로 나가기 위해서는 뒤를 보면서
노를 저어라.' 하는 말이 있습니다.

신기술, 신교육, 신프로그램 등이 쏟아져 나오는 뭐든지 빠른 세태
일지라도 앞만 보고 달려가는 것이 아니라, 옛 가르침 중 훌륭한 것을
오늘날 되살려야 합니다. 그렇게 해서 먼저 인성의 기초를 단단히 한
후에 서두르지 않고, 느린 듯하지만 기실 매우 빠른 황소의 걸음으
로, 지침 없고 멈춤 없이 학문의 길을 가게 하는 것! 진정한 교육이란
그런 것이 아닐까요?

대기만성大器晚成이라 했습니다. 자녀를 큰 그릇으로 만드시려

면 결코 서둘러서는 안 될 것입니다. 작은 이익 즉, 눈앞의 시험점수에 연연해서, 남보다 영어 몇 단어 더 빨리 외우게 하려고 배움에 대한 갈증을 채 느끼지도 못한 아이를 성급히 몰아세운다면 어떻게 될까요. 아이가 과연 큰 그릇이 될 수 있을까요?

서두르지 마시기 바랍니다. 욕심? 접으셔야 합니다. 자녀들이 걷는 배움의 길은 마라톤 코스입니다! 처음 출발? 결코 중요하지 않습니다. 고교 야구 많이들 보셨지 않습니까. 자녀가 역전의 명수 군산상고가 되면 좋겠지요?

자식농사를 위한 열두 가지 질문

아이를 질리게 만들고 있지는 않나요

필로소피Philosophy 즉, 철학은 그리스어 필로소피아

Philosophia에서 유래되었다.

필로Philo는 '사랑하다', '좋아하다'란 뜻.

소피아sophia는 '지혜'라는 뜻.

철학哲學, '필로소피'라는 말은 '지혜'와 '사랑하다'의 합성어라고 합니다.

그리스 사람들은 참 현명한 사람들인 것 같습니다. 이 현명한 그리스 사람들 표현에 따르자면 공부를 한다는 것은 지혜를 구하는 것이라고 말할 수 있습니다.

그렇다면 우리가 공부를 하는 이유는 무엇일까요? 철학자가 되기 위해서라고 말할 수 있습니다. 그렇다면 철학자가 되기 위해서는 어떻게 하면 될까요. 당연히 지혜智慧에 흥미를 느끼고 좋아하고 사랑해야 되겠지요.

그래서 묻습니다. "자녀를 공부를 좋아하는 아이로 키우고 계신가요? 지혜를 정말 사랑하는 아이로 키우고 계시죠? 혹시 공부에 질리게 키우고 계신 것은 아니지요?"

제가 만약 이 시대에 태어났다면 솔직히 공부를 좋아할 자신이 없답니다. 물론 공부를 즐길 자신은 더 없고요. 한두 곳이면 모를까, 유소년기 때부터 학원을 대여섯 군데씩 반 강제적으로 다녀야 한다면 말이지요. 헬스클럽을 다녀 보신 경험들 있으시죠? 하루 한 시간이라도 매일 가기 참 힘듭니다.

우리 어머님들은 과연 어떠십니까? 공부 잘하실 자신 있으세요?

약 20년 전으로 기억합니다. 한 초등학생이 방과 후 학원을 네 곳이나 다니는 것이 기이한 현상으로 여겨져 뉴스에 나왔답니다. 불과 20년 전에는 황당하게 생각했던 일이 지금은 아주 당연한 일이 되어버린 세상……

옛날 이야기 한 번 할까요?

맹자가 어머니와 처음 살았던 곳은 공동묘지 근처였습니다. 맹자는 늘 보는 것을 따라 곡(哭)을 하는 등 장사 지내는 놀이를 하며 놀았습니다. 이 광경을 목격한 맹자의 어머니는 시장 근처로 이사를 했습니다. 그랬더니 이번에는 맹자가 시장에서 물건을 사고파는 장사꾼들의 흉내를 내면서 노는 것이었습니다. 맹자의 어머니는 '이곳도 아이와 함께 살 곳이 아니구나.' 하여 이번에는 글방 근처로 이사를 하였습니다.

이 이야기는 자녀 교육에서 환경의 중요성을 일깨우는 일화로 널리 알려진 이야기입니다. 그래서인지 우리나라에는 맹자의 어머니를 닮은 어머니들이 참 많은 것 같습니다. 형편만 되면 강남으로 강남으로 이사를 가니 말이지요.

중국인들은 예지능력이 있어서인지 '친구 따라 강남 간다.'는 속담을 일찍부터 썼지요. 물론 그들이 말하는 강남은 양쯔강 이남 땅을 말하지만요.

우리나라 강남은 대한민국에서 공부하는 환경이 제일 좋은 곳임에 틀림이 없습니다. 적어도 시험공부를 잘하는 아이로 만들기 위해서는 그곳만한 환경이 없습니다. 그러나 공부를 좋아하는 아이로 만들거나 공부를 즐기는 아이로 만드는 데에도 제일 좋은 환경을 갖춘 곳일까요?

자식농사 천하대본

저는 아니라고 생각합니다. 오늘날 적지 않은 학원에서 아이들을 시험 잘 보는 아이로 만들고 있지만 공부 자체를 좋아하는 아이로는 만들어 주지 못하고 있습니다. 또한 공부를 즐기는 아이로 만들어 주는 것은 더더욱 아닙니다.

이 땅의 학원들이 자녀로 하여금 공부를 좋아하고 즐길 수 있게 만드는 곳이라면 정말 좋을 텐데 말이죠. 참으로 아쉬운 일이 아닐 수 없습니다.

공부는 100미터 달리기가 아니지요?

학문의 길은 마라톤입니다. 42.195km를 달리는 마라톤 경주를 100m 경주 속도로 끝까지 달릴 수 있는 선수 보신 적이 있나요? 못 보셨다고요? 네, 참 솔직하시군요. 왜 못 보셨을까요. 지구상에 없으니까 그렇겠죠?

그런데 자식한테 그렇게 하라고 시키는 부모가 있다면 어떤 충고의 말씀을 전하고 싶은가요? "참 해도 해도 너무 하시네요."라고 하면 될까요?

대한민국에는 자식교육을 위해서라면 뱃속에 학원이라도 차릴 것 같은 엄마들이 참 많은 것 같습니다. 정말 안타깝기 그지없는 일입니다.

얼마 전 〈페이스메이커〉라는 영화가 개봉했더군요. 마라톤에서 기록 단축을 위해 초반에 앞서 나가서 무리 전체를 이끌어 나가는 임무를 띠고 고용된 선수를 가리켜 '페이스메이커'라고 부른답니다.

어려서부터 자녀에게 강압적이고 무리한 공부를 시킨다면 과연 그 아이가 끝까지 달릴 수 있을까요? 처음에 남보다 조금 빨리 출발했다고 해서 좋은 성적으로 결승선 테이프를 끊을 수 있을까요? 솔직히 저는 완주完走 자체가 걱정됩니다.

귀한 자녀 '페이스메이커'로 만들지 마세요!

고비용 저효율 아닌가요

> 1. 나까지 나설 필요 없다.
>
> 2. 헌신하면 헌신짝 된다.
>
> 15. "내 너 그럴 줄 알았다."
>
>   "그럴 줄 알았으면 미리 말을 해 주세요."
>
> 27. 개천에서 용 난 상사 만나면, 개천으로 끌려 들어간다.
>
> 32. 내일 할 수 있는 일을 굳이 오늘 할 필요는 없다.
>
> — 신세대 직장인 43계명 중 몇 가지

근자에 인터넷 바다에서 떠돌아다니는 신세대 직장인 43계명 중에서 몇 가지를 추려보았습니다.

가장 기가 막힌 것은 24번째 계명입니다.

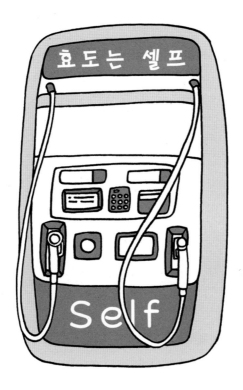

— 제24계명. 효도는 셀프다!

리터 당 몇 십 원 아끼려고 셀프 주유소를 열심히 찾아다니면서 어린 자녀 한 달 영어 교육에 수십만 원을 들인다는 일부 신세대 부모들의 아이러니한 행동을 어떻게 해석해야 할까요?

아시다시피 주유소도 셀프가 저렴합니다. 뿐만 아니라 대부분의 셀프가 저렴합니다. 그래서 저는 자녀들 공부도 셀프가 되면 얼마나 저렴하고 또 얼마나 좋은지를 알려 드리고 싶습니다. 이게 바로 이 책을 쓴 이유 중 하나랍니다. 한때 경제적으로 매우 힘들었던 제가 두 자녀를 키우면서 직접 실천한 내용들이 이 책에 많이 담겨 있습니다.

셀프교육이야말로 이 책의 핵심인 유기농법有機農法이 지향하는 교육입니다!

창의력이 중요한 것 아닐까요

창의력創意力은 새로운 것을 생각해 내는 능력을 말합니다. 근자에 창의력 하면 떠오르는 분이 한 분 있지요? 스티브 잡스! 너무나 잘 알고 계시는 제품, 아이폰은 그의 창의력의 결정結晶입니다.

1983년 고故 스티브 잡스는 당시 펩시 회장이었던 스컬리를 만났 답니다. 그를 애플사로 영입하기 위한 만남이었지요. 잡스의 제안을 정중히 거부하는 스컬리에게 스티브는 이렇게 말했답니다.

"계속 설탕물을 팔면서 남은 삶을 보내고 싶으세요, 아니면 세상 을 바꿀 기회를 잡고 싶으세요?"

이쯤 되면 결과야 뻔하지 않을까요? 창의력은 어떤 물건을 만드 는 데에만 필요한 것이 아닙니다. 이렇게 남을 설득하는 데에도 창 의력이 필요하답니다. 스티브 잡스의 창의력은 세상을 바꾸고자 하는 열정에서 나온 것 같습니다. 그는 어떻게 해야 세상을 바꿀 수 있는지에 대한 질문을 아주 잘했던 사람입니다. 불편한 곳에서 늘 아이디어를 찾았다고 하더군요.

창의력으로 역사를 바꾼 위대한 사람들이 많지요? 갈릴레이는 망원경을 발명했고 콜럼버스는 신대륙을 발견했지요. 그러나 창의력 하면 뭐니 뭐니 해도 모나리자를 남긴 레오나르도 다빈치가 최고입니다. 그는 인류가 낳은 가장 위대한 창조자이지요.

"나의 스승은 자연이다!"

그렇습니다. 다빈치의 말대로 자연은 가장 훌륭한 스승입니다. 그런데 우리 아이들은 점점 자연과 멀어지고 있답니다. 스티브 잡스가 만든 창의적 제품도 아이들을 자연에서 멀어지게 하는 데에 크게 한몫을 하고 있는 이 모순!

컴퓨터, TV, 모바일폰, MP3 플레이어, 게임기 등 창의적 천재들이 보편적 인류를 위해 만든 편리한 기기들이 우리를 에워싸 우리와 우리의 자녀들을 자연과 격리시키고 있습니다.

자연과 격리된 교육 현장에서 가공加工의 창의력을 억지로 주입 시키고 있는 모습이 바로 우리의 모습 아닌가요? 어서 자연으로 돌아가야 합니다!

오늘날의 세태를 어떻게 생각하시나요

70년대 소 팔아 자식교육

80년대 논 팔아 자식교육

90년대 집 팔아 자식교육

요즘은 대출 받아 자식교육

EBS, 우리나라 교육 방송의 광고에서 따온 말입니다. 소 팔고, 논 팔고, 집 팔고, 이제 대출까지 받고, 왜 이렇게 자식교육에 목숨을 거는 걸까요? 굳이 말하지 않아도 정답은 다 자식을 위해서겠지요. 모두 자식이 행복하라고 그렇게 하는 것이겠지요.

우리나라 부모님들의 자식교육을 위한 희생은 참으로 숭고합니다. 그러나 옛 현자 소크라테스는 어떻게 생각할까요? 오늘날의 세태를 말이지요.

소크라테스의 산파술

질문을 거듭함으로써 개념 규정을 명확히 하고 질문 대상자가 새로운 깨달음을 낳게 하는 방법

소씨 : 어디로 가면 이 물건들을 살 수 있을까?

엄마 : 백화점이요.

소씨 : 어디로 가면 훌륭한 사람이 될 수 있을까?

엄마 : 훌륭한 스승님에게요.

소씨 : 훌륭한 스승은 과외 선생인가?

엄마 : 아니요.

소씨 : 그런데 왜 아이들에게 과외 위주로 공부를 시키는가?

엄마 : 아~, 도서관에 보내야겠군요!!!

삼성전자를 세계 일류 기업으로 이끈 윤종용 전 삼성전자 부회장님! 그분은 '걸어 다니는 백과사전'이라 일컬어질 만큼 박식하시다고 합니다.

그분은 미래를 예측하고 준비하기 위해 늘 도서관을 찾는답니다. 동서고금을 막론하고 인류의 큰 스승은 그 안에서 만날 수 있기 때

문이지요.

"책을 많이 읽으면 경영에 많은 도움이 돼요. 경영은 복합적인 거거든요. 영화가 복합예술이듯 삼성전자를 경영한다고 해서 전자만 알아서는 안 돼요. 의사결정은 연관 산업도 알아야 하고, 시장도 파악해야 하고, 상대 경쟁자도 감안해야 하는 복합적인 문제거든요. 특히 미래에 대한 예측은 CEO에게 무척 중요합니다. 역사를 많이 아는 사람은 상대적으로 통찰력이 뛰어납니다."

도서관과 관련된 일화를 하나 말해 볼까요. 역사상 도서관과 떼려야 뗄 수 없는 인연을 맺은 위인들이 많지만 이분, 넬슨 만델라보다 더 소중한 인연을 맺은 사람은 드물 겁니다. 만델라는 종신형을 선고 받고 수감되지만 감옥에서 책을 보게 해 달라는 투쟁을 벌인 끝에 기어코 감옥에 도서관을 세우게 됩니다.

감옥에서 이분은 그리스 희곡을 읽으며 고난 없는 인생은 없다는 진리를 깨달았다고 합니다. 그리고 책을 통해 굴하지 않는 강한 신념을 배워 훗날 몇백 년간 누구도 풀지 못했던 남아공의 인종차별 문제를 평화적으로 해결하여 민족적 영웅이 되었다고 합니다.

이 일화는 오늘날 걸핏하면 무력 시위를 일삼는 대한민국의 각종 사회단체들에게 시사하는 바가 매우 크다고 봅니다.

자식농사 천하대본

소크라테스는 누구인가

소크라테스는 기원전 469년에 태어나 70세가 되는 399년에 독배를 마시고 죽었습니다. 그의 생애는 그의 제자인 플라톤이 쓴 『대화록』, 크세노폰의 『회고록』, 그리고 희극 작가 아리스토파네스의 희극 『구름』을 통해 알려져 있습니다. 플라톤에 의하면 소크라테스는 조각가인 소프로니코스를 아버지로, 해산술을 업으로 하던 파이나레테를 어머니로 하여 아테네의 서민 가정에서 태어났답니다. 소크라테스는 자신만이 무지를 깨닫고 있기 때문에 다른 사람보다 더 현명하다고 자처한 사람이었습니다. 소크라테스의 가르침을 정리해 보면 안과 밖으로 두 가지 방향을 지니고 있는 것을 알 수 있습니다. 그의 가르침은 밖으로는 객관적 정의이며, 안으로는 내부의 인격, 즉 영혼을 발견하는 것이었습니다.

그는 영혼이야말로 진리의 근원이라고 생각했습니다.

그는 거의 모든 시간을 길거리와 시장, 고대 그리스의 운동경기장에 머물며 정치, 시, 예술, 정의에 관해 자유롭게 이야기했습니다. 그는 사람들에게 무지를 깨닫게 하고, 영혼의 선善을 위한 지식의 중요성을 깨닫게 하는 임무를 신에게서 부여받았다고 믿었습니다. 그리고 그는 자신의 임무를 등한시하기보다는 차라리 당장 죽음을 맞이할 준비가 되어 있다고 생각했습니다. 최후에는 정말 독배를 마심으로써 그 믿음을 증명하기도 했습니다.

그의 말 중에 가장 유명한 말이 있지요? 바로 '너 자신을 알라!'입니다.

그러나 역설적이게도 소크라테스는 자신은 아무 것도 모른다고 고백했습니다. 소크라테스는 자신의 질문에 거의 대답할 수가 없었으니까요. 그럼에도 질문은 계속되었습니다. 왜냐하면, 꼼꼼하게 따져보지 않은 삶은 살 가치가 없기 때문입니다.

그는 철학의 중심 문제를 우주론에서 인간 생활의 규칙을 규정하는 즉, 이성을 실천적으로 사용하는 것으로 옮겨 놓았습니다.

모든 게 독서하지 않은 결과 아닐까요

1위	등산(11.7%)
2위	독서(7%)
3위	음악감상(6.9%)
4위	운동 / 헬스(5.9%)

여러분의 취미는 무엇입니까? 한국갤럽이 실시한 설문조사에 따르면 조사 결과 한국인들의 취미가 등산, 독서, 음악감상, 운동, 영화감상순으로 나타났답니다. 10~20대 젊은이들의 경우에는 음악감상이 제일 인기 있는 취미라고 합니다.

저는 젊어서 한때 이력서 취미란에 독서라고 쓰곤 했는데 사실 책을 보긴 했지만 취미는 다른 것이었지요. 그런데도 취미란에 독서라고 쓴 이유는 그렇게 하면 보는 사람이 저를 좀 더 괜찮은 사람으로 볼 것 같았기 때문입니다. 저처럼 응답한 분들 또 있으신가요?

　아무튼 유감스럽게도 대한민국에 사는 대부분의 국민은, 젊었을 때의 저를 포함해서 독서를 썩 좋아하진 않는 것으로 보입니다. 지난 2000년 우리나라 독서인구 비율은 59.4%, 1인당 평균 독서 권수는 13.2권이었습니다.

당시 이웃 나라 일본은 1인당 평균 78.2권, 교양서는 12권!

　독서 권수로는 일본의 6분의 1(17%), 교양서는 4분의 1(25%) 수준밖에 안 되니 이 또한 매우 부끄러운 일이 아닐 수 없습니다. 2011년의 독서인구 비율은 61.8%, 독서량은 독서인구 1인당 20.8권으로 지난 2000년보다는 조금 늘었다니 그나마 다행입니다. 일단 저부터 일 년에 100권 읽기를 실천해야겠다는 생각이 드는군요.

　왜냐고요? 독서의 중요성도 알았고, 일본인보다 책을 많이 읽지 않고서는 그들보다 더 잘 살기 어렵다는 생각을 갖게 되었기 때문입니다.

　요즘 가끔 지하철을 타곤 하는데 젊은이들이 모바일폰에 집중하고 책은 읽지 않는 모습을 볼 때마다 나라의 앞날이 매우 걱정이 되더군요. 하루빨리 일본의 독서량을 넘는 시대가 왔으면 좋겠네요.

대한민국 VS 일 본

이 스코어는 독서와 무관한 스코어일까요?

우리나라와 일본이 축구 경기를 해서 위와 같은 득점 결과가 나왔다고 하면 어떻게 될까요? 과연 무슨 일이 벌어질까요? 국민들이 받을 충격, 수치, 분노 등 생각만 해도 끔찍합니다. 선수와 감독은 또 어떻겠어요. 역적 취급을 받겠지요? 외국의 경우지만 언젠가 승부차기에서 실축한 선수가 살해당한 경우도 있었던 것으로 기억됩니다만……

안심하세요. 다행히도 위 스코어는 한일전 축구 경기 스코어는 아닙니다. 차라리 축구 경기 스코어였으면 낫겠다는 생각이 들지만 실은 노벨상 수상자의 스코어입니다. 단, 평화상은 제외하고요. 일본은 유카와 히데키가 1949년 노벨 물리학상을 처음 수상한 이래 2010년 스즈키 아키라가 받은 노벨화학상까지 합하면 그간의 노벨상 수상자가 총 18명이나 된다고 합니다.

그런데 이 사실을 알고 있는 대한민국 국민은 과연 얼마나 될까요. 저도 이렇게 큰 차이가 있다는 것을 최근에야 알았답니다. 아마도 대부분의 국민은 아직도 잘 모르고 계실 겁니다. 만약 알고 계신 분이 많았다면 어떻게 됐을까요. 난리가 났겠지요? 아닐까요? 아니라면 우리 국민들은 노벨상을 축구 경기보다 덜 중요하다고 생각한다는 말이 되는데 설마 우리 대한민국의 훌륭한 국민들께서 그럴 것이라고는 믿고 싶지 않군요.

어찌되었든 일본보다 훨씬 불리한 환경과 조건 속에서도 실망하지 않고 당당히 겨루어서 이긴 김연아 선수가 더욱 자랑스럽기도 하고, 한편으로는 미안하다는 생각도 듭니다.

우리나라는 왜 아직도 노벨상 수상자를 배출하지 못하고 있을까요? 세계 10위권의 경제력을 가진 나라요, 현대, 삼성, 엘지 등을 비롯하여 세계적인 기업을 많이 보유하고 있는 나라이며, 아이들을 밤늦도록 열심히 공부시키는 나라인데 도대체 왜!

혹시 여러분은 그 이유를 알고 계신지요. 교육 방법이 문제일까요? 교육 시스템이 문제일까요? 선생님들의 자질 때문인가요? 수능시험을 위주로 하는 대학입시제도 때문인가요? 이도 저도 아니면 우리 국민들의 머리가 일본 국민들보다 나빠서 그런가요?

자녀 스스로 공부할 때까지 기다리지 않는 부모들의 조급함 때문에? 조기교육 때문에 조기에 지쳐서? 도대체 왜, 왜, 왜 그런 것일까요. 저의 견해로는 상당 부분 우리나라의 교육 풍토 즉, 책과 자연을 좋아하거나 즐기기 어려운 풍토 때문이 아닌가 합니다.

공부가 산을 쌓는 것이라면 초등학생 때는 삽으로, 중·고등학교 때는 삼태기로, 대학교 때에는 수레로 운반해서 쌓는 것에 비유할 수 있겠지요. 그렇다면 언제 더 열심히 쌓아야 될까요. 대학교 때 더 열심히 쌓아야 되지 않을까요?

과연 우리는 자녀가 대학교에 가서 공부를 더 열심히 할 수 있게 잘 배려해 주고 있는 걸까요? 우리나라 자녀들의 학업 능력이 고등학교에서 정점을 찍고 대학에 가면 떨어지는 이유는 과연 무엇 때문일까요?

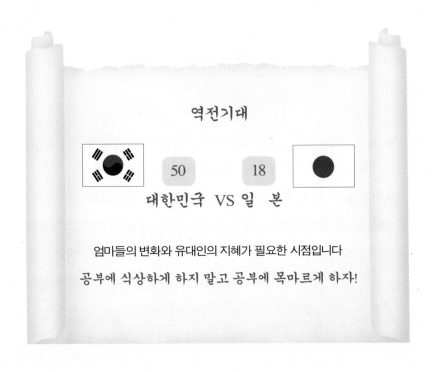

역전기대

50   18

대한민국 VS 일 본

엄마들의 변화와 유대인의 지혜가 필요한 시점입니다
공부에 식상하게 하지 말고 공부에 목마르게 하자!

공부를 위한 가장 중요한 습관은 독서가 아닐까요

성상근야 습상원야
性相近也 習相遠也

위 말은 논어 제17편인 양화 2장의 말씀으로 사람의 천성天性은 서로 거의 같지만 습관에 따라 서로 멀어진다는 뜻입니다.

도서관을 자주 활용하는 습관을 길러 주세요. 이것이야말로 자녀를 행복한 부자로 만드는 비결입니다. 저는 아들이 중학교에 입학한 후에 국회도서관을 구경시켜 주었는데 사실 좀 늦은 셈이었지요. 도서관을 자주 이용하는 습관을 들이려면 어려서부터 책과 친해지게 만드는 것이 제일 중요합니다. 교육 전문가들의 최근 견해를 따르자면 책과 친하게 하려면 갓난아이 때부터 부모가 책을 직접 매일

매일 읽어 주는 것이 가장 좋다고 합니다.

도서관은 어떤 곳인가요? 도서관이란 온갖 종류의 도서, 문서, 기록, 출판물 따위의 자료를 모아 두고 일반이 볼 수 있도록 한 시설을 말합니다.

도서관을 뜻하는 영어 Library는 본래 라틴어계의 Liber(수피)에서 유래한 것으로, 옛날에는 수피 즉, 나무껍질을 건조하여 글을 기록했습니다. 때문에 Liber자체가 책을 의미하는 것과 같았습니다. Liber의 파생어인 Librarium은 서가를 의미했고, 이것이 14세기 이후부터 Library로 불리게 된 것이랍니다.

우리나라의 경우 도서관의 수가 국력에 어울리지 않게 적습니다. 또한 초등학교, 중학교, 고등학교에서 도서관과 연계된 교육이 미흡하다는 점이 참 아쉽습니다. 그래서일까요. 도서관에서 책을 읽기보다는 주로 시험공부를 하기 위한 목적으로 사설 독서실을 더 많이 이용하는 것 같습니다. 도서관에도 독서를 하러 가기보다는 시험공부를 하러 가는 사람이 더 많은 것 같습니다.

'세 살 버릇 여든까지 간다.'는 속담이 있습니다. 자녀에게 도서관에서 독서를 하는 습관을 들이려면 어린아이 때부터 도서관을 활용한 독서교육을 하는 것이 좋습니다.

장을 끝마치며

엄마가 먼저 변해야 아이가 변한다!

공자께서 가르치신 리더십의 극치는 무위지치無爲之治입니다. 공자께서는 무위지치의 리더로 순舜임금을 꼽았지요. 위령공편 4장에 일러 무위 이치자 기순야여無爲 而治者 其舜也與 즉, 무위지치하신 분은 순임금뿐이시다! 라고 말씀하셨지요. 좀 더 이해하기 쉽게 풀어 말씀드리자면, 순임금만이 인위적이거나 강압적인 통치가 아닌 순리적인 통치를 하셨다는 뜻이지요.

아마도 순임금께서는 위임을 잘하시는 분이었던 것 같습니다. 신하들이 스스로 하게끔 믿고 맡기는 정치를 무위지치라 하지요. 그럼 어떻게 하면 무위지치를 할 수 있을까요? 논어 위정편 1장에 그 해답이 있지요!

위정.1 자왈 위정이덕 비여북진 거기소이 중성공지

子曰 爲政以德 譬如北辰 居其所而 衆星共之

'덕으로써 다스림은 북극성에 비유할 수 있다. 그 장소에 가만히 머물러 있어도 뭇 별들이 공지共之 즉 함께 가는도다!' 무위지치는 덕

德으로써 다스리는 것을 뜻합니다.

그 덕은 바로 인의예지신仁義禮智信!

그러니 자녀들이 스스로 공부하게끔 하려면 두 가지를 유념하시기 바랍니다. 먼저 엄마가 덕을 갖추어야 합니다. 그런 후에 자녀들에게도 덕을 가르쳐야 합니다. 언제까지 자녀를 힘들게 밀고 가시렵니까? 자녀들이 스스로 하게 무위지치無爲之治 하세요!

문득 갑자기 사관학교 시절에 자주 하던 말이 생각나네요. "인솔하면 천당도 안 간다!", 부디 자녀를 손수레로 만들지 말고 자동차로 만들어 주시기 바랍니다.

화초는 대부분 물에 빠져 죽는답니다

자식 키우는 것은 농사라고 표현할 수 있습니다. 밭농사야 잘못되어도 1년만 견디면 그만이지만 자식농사를 잘못 지으면 만회할 방법이 없지요. 세상 부모 중 어느 누가 제 자식 잘못 키우고 싶겠습니까. 그러나 마음대로 잘 안되는 게 자식농사지요. 오죽하면 '무자식이 상팔자'란 속담까지 생겼겠습니까.

왜 자식농사가 어려운 것일까요. 과유불급過猶不及은 논어 선진편에 나오는 말씀입니다. 모자라면 안 된다는 것은 알지만 과해도 안된다는 지혜를 아는 사람은 별로 많지 않은 것 같습니다. 아무리 좋은 음식도 정도를 넘어 섭취하면 부작용이 꼭 따릅니다.

이해가 안 가신다고요? 쉬운 예를 들어볼까요. 우리 몸에 우유가 좋다는 건 알고 계시죠. 좋다고 해서 아이에게 시도 때도 없이 우유만 먹여 보세요. 좋은 것은 길게 가지 않습니다. 설사? 반드시 합니다. 몸에 더 좋다는 생生우유? 효과를 더 빨리 볼 수 있습니다. 좋다고 해서 계속 먹인다면 영양식은커녕 고문식이 되고 말지요.

요즘은 자식이 하나밖에 없다보니 또 맞벌이를 하다보니, 퇴근하면 자식에게 낮 동안 못다 한 사랑을 주느라 바쁘시지요. 낮 동안 함께 못 했으니 미안한 마음에 그럴 수밖에 없다는 것, 저도 잘 압니다. 하지만 우유처럼, 사랑도 지나치면 독이 될 수 있답니다. 자식에 대한 사랑을 절제하지 않고 마냥 주다보면 반드시 탈이 나는 법이지요. 하물며 어려서부터 억지로 시키는 과외는 어떻겠습니까?

발묘조장拔苗助長이라는 사자성어의 교훈처럼 조급히 키우려 하면 오히려 교육을 망치는 법입니다. 아이 키를 크게 해 주려고 성장판 수술을 감행하는 일부 무모한 부모들도 있다니 참으로 무서운 세상입니다.

키다리 링컨은 키가 크면 좋지 않으냐는 질문에 "키는 서서 땅을 밟을 수 있을 정도면 충분합니다!"라고 말했다고 합니다. 그분의 현명함이 잘 드러나는 명답이지요. 이게 좋다 하면 이리로, 저게 좋다고 하면 저리로 몰리는 부모는 되지 마세요!

인재시교固材施教와 우직지계迂直之計의 지혜를 발휘하시기 바랍니다. 기억하세요. 화초의 대부분이 물을 안 줘서가 아니라 물을 너무 많이 줘서 죽는답니다!

무위지치의 리더를 아시나요?

최근에 '논어가 얘기하는 최고의 리더십을 실천하고 있는 리더는 누구인가?' 하는 문제가 저의 주요 관심사 중 하나였지요. 고민 끝에 나온 답은 '삼성의 현現 회장이 아닐까?'입니다.

저는 삼성이라는 기업을 잘 모릅니다. 회장에 대해서도…….

단지 언론이나 관련 서적을 통해서 간접적으로 아는데 그것도 극히 일부분에 불과하지요. 이 중 주로 언론의 영향, 특히 태안 앞바다

기름 유출 사고 보도 때문에 저는 개인적으로는 삼성에 애증愛憎을 함께 품고 있습니다. 비단 이것은 저만의 감정이 아니라는 생각을 해 봅니다. 따라서 제 의견을 오해하지 않으셨으면 합니다. 순수한 마음에서 쓰고 있으니까요.

앞서 말씀드렸듯이 무위지치無爲之治는 덕德으로 다스리는 것입니다. 이건희 회장께서 그만한 덕을 갖추었는지는 확인한 바 없지만 그분의 리더십이 무위지치에 가깝다는 것은 사실인 것 같습니다.

제가 보기에 그분의 삼성 경영에는 네 가지의 특징이 있더군요.

엄선 | 경청 | 비전 | 위임

한비자께서는 '삼류는 자신의 능력을 가지고 하고, 이류는 자신의 주어진 권한으로 하고, 일류는 타인으로 하여금 능력을 다하게 한다.'라고 하셨습니다. 이 말씀대로라면 분명 오늘날 삼성이라는 기업은 일류에 의해 경영되고 있는 기업입니다. 앞으로도 삼성이 지도자의 덕, 인격에 의해 경영이 되어 국민의 사랑을 더욱 많이 받는 기업이 되었으면 합니다.

자식농사 천하대본

행복하게 해 줄 기업 있나요?

제가 10년 전 작은 기업을 맡았을 때, 기업 경영에 도움이 될 만한 책을 구하러 서점에 들렀다가 선택했던 책이 『세계가 배우는 한국 기업의 희망 유한킴벌리』였지요.

이 책을 반신반의하면서 샀던 기억이 납니다. 솔직히 처음에는 "뭐, 세계가 배워?" 이런 생각을 했었답니다. 그런데 이 책은 제가 두 번 이상 읽은 얼마 안 되는 책 중에 하나가 되었지요. 깜짝 놀랐습니다. "우리나라에도 이런 기업이 있구나! 이런 기업을 일군 리더가 계시는구나! 세계가 아니라 우리나라 기업이 다투어 배워야 할 기업이구나!" 이런 생각이 들더군요.

이 책을 최근에 다시 펼치게 된 계기가 있었답니다. 제가 서초동에 있는 세종원世宗院 전근용 대표의 배려로 '논어의 리더십'이란 주제를 가지고 세종원에서 처음 강의를 시작한 날이었습니다. 강의 중에 신信 즉, 믿음에 대한 질문을 던졌지요.

"주변에 믿을만한 분이 계신가요?" 이 질문에 어떤 분이 "저희 회사 팀장들이요!"라고 답하시는 거예요. 제가 다시 물었지요. "실례지만 어느 회사에 다니시죠? 직분은?" 그분의 직분은 팀장들을 통솔하는 상무常務였는데 "유한킴벌리에 다닙니다!" 하시더군요.

다음의 기사는 지난 2011년 CTS에서 방영한 내용입니다.

장을 끝마치며

[아나운서] "퇴근시간인 저녁 6시가 되자 사무실 불이 꺼집니다. 매주 수요일 가족 사랑의 날 시행을 위해 회사가 적극 사원들의 정시퇴근을 돕는 겁니다."

[조규식 차장] "유한킴벌리는 기업 내 가족친화경영을 위해 다양한 정책과 캠페인을 펼치고 있습니다. 이러한 회사의 경영방침으로 2005년 한국 평균을 밑돌던 출산율이 해마다 상승해 지난해 유한킴벌리 여사원들의 출산율은 1.84명에 이르렀습니다. 이는 OECD국가 평균출산율 1.74명을 뛰어넘은 것으로, 선진국인 핀란드, 덴마크와 비슷한 수준입니다. 여사원들이 임신을 기피하는 다른 회사와 달리 유한킴벌리는 임산부 간담회, 출산 축하금, 양육비 등을 지원해 여직원들의 출산을 축하하고 자유롭게 육아휴직을 쓰며 업무에 복귀하도록 돕습니다. 또 탄력적인 근무제도로 어린아이를 키우는 사원들의 출퇴근 시간을 배려하고 있습니다."

[차미연 사원] "아기 낳고 육아휴직을 얼마나 하느냐가 관건이지, 아기 낳았는데 눈치 보이고 이런 걱정은 없어요."

[전수현 사원] "여사원 휴게 공간 등이 굉장히 활성화됐고, 팀원들이 일을 잘 분담해서 육아휴직을 자연스럽게 받아들이는 분위기인 것 같아요."

[최기영 기자] "유한킴벌리는 저출산, 고령화 문제해결을 위해 최근 '가족친화 경영팀'을 새롭게 구성했습니다. 사원이 행복해야 회사의 경쟁력이 높아진다는 생각 아래 일과 사원들의 삶 간의 조화를 목표로 사원들의 필요를 채우기 위해섭니다."

[김혜숙 이사] "회사 경쟁력과 함께 직원들의 삶도 중시하는 유한킴벌리. 기업의 창의적이고 실질적인 가족친화정책을 통해 회사, 사원, 그 가족이 모두 함께 성장하고 있습니다."

자식농사 천하대본

제가 읽은 『세계가 배우는 한국기업의 희망 유한킴벌리』의 감동을 떠올려 볼 때 이 뉴스 기사만으로 '행복한 기업 유한킴벌리'를 다 전하기에는 많이 부족합니다. 유한킴벌리의 이해를 구하며, 대한민국에 유한킴벌리 같이 자녀를 맡기고 싶은 행복한 기업이 넘쳐나길 소망합니다!

쉬어 가기

뻐꾸기와 자고새와 오목눈이 이 세 종류의 새 중에 어느 새를 좋아 하십니까?

외모나 목소리로 따진다면 단연 뻐꾸기를 좋아하시는 분들이 많겠지요?

더러 식성이 좋으신 분들 중에는 자고새가 먹음직스럽기 때문에 이 새를 좋아 하시는 분도 계시리라 봅니다. 그렇다면 오목눈이는 어떻습니까. 우선 이름도 생소하지요? 오목눈이의 크기는 참새보다 조금 큽니다. 그러니 이 새를 좋아할 분은 그리 많지 않을 것입니다.

시기소이 관기소유 찰기소안 인언수재
視其所以 觀其所由 察其所安 人焉廋哉

논어 위정편에 있는 위 말씀대로 자세히 시관찰視觀察해 보면, 이 새들의 특성을 바로 알게 됩니다. 뻐꾸기는 자신의 알을 남의 둥지에 입양시키되 남의 둥지에 있는 알들은 모두 둥지 밖으로 떨어뜨린답니다. 자고새는 그 반대입니다. 남의 둥지에 있는 알을 몰래 훔쳐다가 제가 품어서 부화시킨답니다. 언뜻 보아 좋은 일을 하는 것 같지만 알을 잃어버린 어미 새의 심정이 어떨지를 생각해 보시기 바랍

자식농사 천하대본

니다.

　한편 보잘 것 없이 생긴 오목눈이는 한 오목눈이가 알을 낳고 부화
시키게 되면 이를 알게 된 주변의 모든 오목눈이들이 먹이를 물어다
가 함께 먹인다고 합니다. 자녀들이 어느 새처럼 자라길 원하십니까?

二章

독서를 좋아하는 아이로 키우세요

밭이 있어도 갈지 않으면 창고는 빌 것이고, 책이 있어도 가르치지 않으면 자손이 어리석게 된다. ─ 백낙천

태아에게 하면 좋은 교육법

태교의 원조를 아시나요?

신사임당의 본명은 신인선입니다. 사임당은 이름이 아니라 당호 堂號이지요. 사임당師任堂이란 당호에는 중국 고대 주周나라 문왕의 어 머니인 태임太任을 스승으로 삼아 본받겠다는 뜻이 담겨 있습니다.

태임은 어질고 엄격하였으며 의리에 밝고, 자비로웠다고 문헌에 기록되어 있습니다.

크나큰 덕망과 어질고 명철한 머리를 지닌 현숙한 부인이었던 그 녀의 훌륭한 태교는 BC 약 1100년 경에 이루어진 것으로 전해지고 있답니다.

태임이 문왕을 임신했을 때 했던 태교는 다음과 같습니다.

독서를 좋아하는 아이로 키우세요

서 있을 때는 발을 헛디디지 않고, 다닐 때는 걸음을 천천히 하였으며, 자리가 바르지 않으면 앉지 않고, 고기도 바르게 자른 것이 아니면 먹지 않았다. 또한 눈으로는 나쁜 것을 보지 않았으며, 귀로는 음란한 말을 듣지 않고, 입으로는 악한 말을 하지 않았으며, 밤이면 소경으로 하여금 글을 읽고 시를 외우게 하여 마음의 안정을 찾았다.

이것이 지금으로부터 약 3000년 전에 문왕의 모친 태임이 몸소 실천한 태교라고 합니다. 참 놀랍지 않습니까?

자식농사 천하대본

TV? 좋은 프로만 보세요

슬기로운 어머니의 태교 열 달이 일생의 교육보다 낫다

요즘 엄마들은 태교에 대한 열정이 뜨겁고 지식도 풍부한 것 같습니다. 물론 그만큼 태교도 잘하는 것 같고요. 고마운 일이 아닐 수 없습니다. 따라서 굳이 잘하고 있는 태교에 대해서 지면을 허비할 이유는 없다고 봅니다.

그러니 딱 두 가지만 말씀드립니다. 먼저 '눈으로는 나쁜 것을 보지 말고, 귀로는 음란한 말을 듣지 말고, 입으로는 악한 말을 하지 말며'라고 한 중국 주周나라 문왕의 어머니 태임太任의 태교를 본받아 잘 실천할 것을 권합니다.

눈으로 나쁜 것을 보지 않기 위해서는 TV 시청을 가급적 자제하시길 바랍니다. 특히 막장 드라마나 사회의 비리, 폭력 사건 등으로 얼룩진 뉴스는 시청을 안 하시는 것이 좋습니다.

그 대신 양서良書를 읽는 것이야말로 눈과 마음을 지키는 매우 좋은 방편이 될 것입니다. 귀로는 좋은 음악을 듣고 입으로는 남의 험담을 삼가고 가급적 칭찬해 주세요.

따지고 보면 결국, 눈과 마음, 귀와 입을 위해서는 책과 음악과 자연 속에 있는 것보다 더 좋은 방법은 없겠네요.

사랑 주고 사랑받으세요

다음, 그 어떤 태교보다도 임산부가 주변으로부터 사랑을 받는 것이 가장 중요합니다. 남편으로부터 받는 사랑은 더 말할 것도 없이 중요하고요, 시부모님으로부터의 사랑 역시 받으면 받을수록 좋습니다. 물론 주변 일가친척 그리고 이웃의 사랑도요.

태아에게 책을 읽어줄 때도 남편과 함께 손을 잡고 다정한 목소리로 서로 교독交讀 하며 읽어 주시기를 바랍니다. 이때 좋은 시詩도 자주 읽어 주고 특히 신앙 서적을 읽어 주는 것도 매우 좋습니다.

공자께서는 과유불급過猶不及이라 하셨습니다. 넘치는 것이 모자라는 것과 같다는 말씀입니다. 태아에게 글을 읽어 주되 너무 오래 읽어 주면 오히려 좋지 않을 수 있으니 한 번에 7분, 하루 약 20분 정도를 넘지 않는 것이 좋습니다. 물론 정해진 시간에 규칙적으로 읽

어 주는 것은 기본이고요. 태아를 위해서 좋은 책을 보고, 좋은 음악을 듣고, 좋은 말을 하고, 좋은 음식을 먹는 것도 좋지만 가장 중요한 것은 사랑받고 사랑하는 마음이라는 것을 잊지 마세요.

'사랑하고 사랑받는 것'이 최고의 태교입니다!

자식농사 천하대본

출가외인의 진실

우리나라 속담에 출가외인出嫁外人이란 말이 있지요? 딸을 혼례시키고 난 후 시댁으로 출가시키면 이제 그 딸은 외인外人 취급을 하라는 말입니다. 누가 그러더군요. '말을 못 한다고 해서 아기를 아기 취급해서는 안 된다. 아기는 우리말을 못 하는 외국인이다.'라고 생각하는 것이 좋다고요.

물론 출가외인에서 외인外人이란 외국인外國人이란 뜻은 아닙니다. 그저 남인 양 하라는 의미이지요.

왜 딸은 시집보내면 그때부터 남으로 취급해야 하나요? 박정한 이야기, 대한민국의 여성들이 들으면 너무 섭섭해 할 속담 아닙니까?

딸을 시집보내고 나서 제법 세월이 지난 후에야 이 말의 참뜻을 알게 되었답니다. 아니, 이런 뜻을 간직한 말이 아닌가 짐작했다는 것이 더 올바른 표현인 것 같네요.

출가외인! 이 말에는 시집간 딸의 행복을 위해서 친정 부모님의 가슴 에이는 배려가 숨겨져 있는 게 아닌가 하는 생각을 하게 되었습니다. 딸이 시집갔으면 이제는 친정 부모 보다는 시집의 시어른에게 사랑받아야 합니다. 그래야 남편으로부터도 온전한 사랑을 받을 수 있게 됩니다.

요즘, 아들 혼사 치른 후에 며느리가 시집온 게 아니라 "아들 장가 보냈다.", "아들을 사돈에게 빼앗겼다." 하며 한탄하시는 분들 제법 많으시더군요. 대부분 맞벌이 신혼부부이다 보니까 자연스럽게 형성된 풍속인 것 같습니다. 혼례 후 처가 가까이에 보금자리를 마련하는 것이 말입니다., 문제는 이렇게 될 경우 멀어진 거리만큼 시부모님들과의 관계가 멀어질 수 있다는 점입니다.

출가외인! 시집간 딸이 시부모님의 사랑을 조금이나마 더 받으라고 애써 먼발치로 물러나는 딸 가진 부모의 아픔이 서려 있는 말 아닐까요? 그러니 시댁으로부터 듬뿍 사랑받는 며느리들 되세요!

딸의 태교

고교를 졸업한 그해에 딸은 자원해서 중국 유학을 떠났답니다. 고교 시절에 과외활동을 주로 중국어부에서 했던 것이 크게 작용한 듯합니다. 지금도 딸을 중국어부로 이끌어 주신 딸의 중국어 선생님께 감사하고 있습니다.

저는 보수적 성향이 있어서인지 딸에게 정절을 매우 강조했지요. 딸의 귀가시간은 중학교 다닐 때까지는 해 질 녘이었고 고교 시절에는 조금 여유를 줘서 저녁 8시였습니다. 한때 딸은 이 조치에 대해 전면 투쟁을 벌인 적도 있었지만 소용이 없었답니다. 밤은 미성년자들이 탈선할 소지가 많은 시간이지요.

딸은 유학 생활을 하는 중에 그곳에서 지금의 효자 사위를 만나게 되었지요. 저의 사돈께서는 한중韓中 수교 직후 당시 50세가 이미 넘으셨는데도 용감히 서해를 건너 중국 천진 땅에 둥지를 트시고 사부인과 함께 사업을 해서 성공을 일군, 소위 자수성가하신 분입니다. 고맙게도 두 분은 딸을 처음 만난 날부터 며느릿감으로 인정하고 사랑해 주셨답니다.

딸의 결혼식장에서 저는 장차 낳을 외손外孫의 태교를 위해 성경 동화 한 질을 사서 신랑 신부가 양가 부모님께 인사하는 순서 때 선물을 했습니다. 그렇게 했더니 딸은 한술 더 떠서 아예 성경책 한 권을 통째로 읽어 주는 태교를 했답니다.

독서를 좋아하는 아이로 키우세요

부부 싸움의 기술

　제가 결혼을 하는 젊은 연인에게 꼭 해 주고 싶은 이야기가 있다면 "잘 싸우며 살아라!"입니다. 결혼식 주례에서 이 말을 하는 순간 장내에 "주례 선생님께서 노망나셨나?" 하는 표정을 짓고 염려하시는 분이 많이 보이더군요. 그래서 묻곤 하지요.

　"여러분, 결혼하신 분 손 좀 들어 보실래요? 고맙습니다. 그러면 이 중에서 부부싸움 안 하고 사시는 분 계속 손들고 계시기 바랍니다. 더도 말고 딱 3시간만." 했더니 다들 얼른 내리시더군요.

　"저는 전쟁 전문가입니다. 이제 제가 부부 싸움 잘하는 싸움의 기술 세 가지를 신랑 신부에게 알려 줄 텐데 반대하시는 분!" 했더니 장내가 조용하더군요.

　부부 싸움? 꼭 필요합니다. 언뜻 부부 싸움 평생 안 하고 살면 참 행복하겠다고 생각하시기 쉬운데 그렇지 않습니다. 부부 싸움 안 하면 속이야 편하겠지만 우선 재미가 없지요. 싸움, 얼마나 재미있습니까. 그래서 '싸움 구경하고 불구경이 제일 재미있다.'는 속담도 있는 것 아닌가요? 하하! 농담입니다.

　부부 싸움이 재미있고 없고를 떠나서 안 하고 살 순 없지요. 피할 수 없다면 즐겨야 합니다. 즐기기 위해 세 가지 기술을 거저 알려 드릴 테니 잘 써먹으시기 바랍니다.

첫째 : 비폭력!

둘째 : 비기기!

셋째 : 속전속결!

첫째는 비폭력입니다. 손기술? 안 됩니다! 발기술? 더더욱 안 되지요. 둘째, 비기기입니다. 이겨서 뭐 하실 건가요. 돈이 나옵니까, 밥이 나옵니까. 사나이 자존심? 그건 사나이들끼리 싸울 때나 챙기는 게 좋답니다. 셋째는 속전속결입니다. 오늘 싸움을 내일로 연장하지 마세요!

싸움은 나를 돌아볼 수 있게도 하고 또 나를 고칠 수 있는 기회를 주기도 한답니다. 싸움을 하게 되면 나의 약한 부분과 상대의 약한 부분도 알 수 있지요.

그러나 임신 중 싸움은 절대 안 됩니다!

쉬어 가기

100여 년 전의 담백한 언어

독립신문이 본국과 외국 사정을 자세히 기록할 터이요, 정부 소식과 민간소문을 다 보고할 터이라. 정치상 일과 농사, 장사, 의술상 일을 얼만큼씩 이 신문상 매일 기록한 값은 일 년에 일 원 삼십 전, 한 달에 십이 전, 한 장에 동전 한 푼. 독립신문 본국이 제물포, 원산, 부산, 파주, 송도, 평양, 수원, 강화 등지에 있더라. 신문을 달로 정하든지 일 년 간으로 정하여 사 보고 싶은 이는 정동 독립신문사로 와서 돈을 미리 내고 성명과 집이 어디라고 적어놓고 가면 하루 걸러 신문을 보내줄 터이니 신문 보고 싶은 이는 속히 성명을 보내기 바라옴.

물론 누구든지 물어볼 말이 있든지 세상 사람에게 하고 싶은 말이 있으면 이 신문사로 간단하게 띄어쓰기를 해서 편지하면 대답할만한 말이든지 신문에 낼만한 말이면 대답할 터이요, 내기도 할 터이옴. 한문으로 쓴 편지는 당최 상관 아니 함.

경향 간에 물론 누구든지 길거리에서 장사하는 이 이 신문을 가져다가 놓고 팔고자 하거든 여기 와서 신문을 가져다가 팔면 열 장에 여덟 장만 셈을 하고 백 장에 여든 장만 셈을 함.

광고
독립신문 창간호 1896. 4. 7

말은 마음의 모습을 담고 있답니다. 100년 전 우리 조상님들의 마음은 참으로 담백하고 순박했던 것 같네요.

요즘 우리는 얼마나 거친 말들을 많이 쓰는지요! 그만큼 우리의 마음이 거칠어진 것 아닐까요? 아침에 일어나 세수하고 손이 거칠면 어떻게 하나요? 얼굴이 거칠면 또 어떻게 하시나요?

여러분의 거칠어진 마음을 위해서 논어와 성경이 당장 필요하답니다!

영유아에게 하면 좋은 다섯 가지 교육법

Who. 가급적 아빠가 읽어 주세요

Q. 아빠가 좋아요, 엄마가 좋아요?

A. 아빠요!

부자유친父子有親! 부모와 자식 사이에서 가장 소중한 걸 고르라면 단연 친근함이 으뜸이지요. 현재 대한민국에서는 많은 부모님, 아니 많은 아버지들이 자식들과 친근하지 못한 삶을 살아간답니다. 자식이 어릴 때 좋은 관계를 맺어야 했는데, 직장일로 너무 바빠서 기회를 놓쳤기 때문입니다.

독서를 좋아하는 아이로 키우세요

그럼 도대체 어떻게 해야 할까요? 해답은 간단합니다. 하루 5분 책 읽어 주기가 부자지간을 평생 친근한 사이로 만들어 준답니다.

When. 아기가 태어난 날부터 읽어 주세요

저는 첫 아들이 돌이 됐을 무렵부터 책을 읽어 주기 시작했습니다. 『아이랑 소리 내어 책 읽는 15분의 기적』이란 책을 쓴 호주의 교육 전문가, 멤 폭스 여사에 의하면 책은 아이를 낳자마자 읽어 주는 것이 가장 좋다고 합니다.

How. 다정하게 대화식으로 읽어 주세요

책을 읽어 줄 때에는 가급적 품에 안고 읽어 주시기 바랍니다. 아이하고 친해지는 데에 피부 접촉만큼 좋은 것이 없기 때문입니다. 그리고 아이를 향한 사랑이 듬뿍 담긴 억양으로 질문을 유도하는 말투로요! "옛날 옛적에~ 백설공주가 살았대요~." 이렇게 끝을 올려서 읽어 주세요.

Why. 아기의 두뇌 발달에 큰 도움을 줘요

책 읽어 주기의 효과는 어마어마합니다. 우선 뇌가 엄청나게 발달합니다. 또한 부모와 평생 친한 친구가 될 수 있지요. 훗날 아이의 학습능력이 매우 좋을 거라는 걸 장담할 수 있습니다.

기억하세요. 시간은 늘 우리를 기다려 주지 않습니다. 아이가 어릴 때 읽어 주지 않으면 평생 후회합니다!

What. 동시와 동요와 동화가 제일 좋아요

논어 태백 8장에 이런 말이 있습니다. '흥어시興於詩 하며 입어례立於禮 하며 성어락成於樂이니라.'

이 말의 뜻은 시로써 일으키고 예로써 서며 음악으로써 완성한다는 뜻입니다. 아이에게 책을 읽어줄 때는 동요와 동시, 동화, 전기, 고전 등을 읽어 주면 좋습니다. 특히 동시가 좋은데 동시詩에는 사악함이 전혀 없기 때문입니다. 아이는 영악하게 키우기보다는 영리하게 키우는 게 좋겠지요. 아이답게 키워야 하는데 자칫하면 그걸 잊고 세월을 가불하듯 키우려고 욕심을 부리기 십상인 세상입니다. 아이가 동요보다 아이돌 노래를 접하기가 더욱 쉬운 환경이 걱정입니다.

자식교육을 위해 알아야 할 다섯 가지 명제

하나, 최고의 스승은 어머니다.

둘, 책은 성공의 아버지다.

셋, 놀이가 공부다.

넷, 자연은 최고의 놀이터다.

다섯, 배움은 마라톤이다.

아버지 학교

아버지 학교는 1995년 10월, 두란노 서원에 처음 개설되었습니다. 이 학교는 가정의 문제가 바로 아버지의 문제라는 인식을 갖고 올바른 아버지상 설립과 함께 실추된 아버지의 권위를 회복시키고, 아버지가 부재한 가정에 아버지를 되돌려 보내자는 목적으로 세워졌습니다.

아버지가 살아야 가정이 산다! Family Builders

가정의 수준이 곧 국가의 수준입니다. 그리고 가정의 수준은 아버지의 수준을 넘어서기가 어렵습니다. 아버지가 바로 서야 가정이 바로 서고, 가정이 바로 서야 사회가 바로 서며, 사회가 바로 서야 나라가 바로 섭니다. 아버지 학교는 아버지를 바로 세우는 곳입니다. 아버지 학교는 이 사회를 바꾸며 세상을 변화시키려는 진정한 남성들의 회복운동입니다.

저는 이 학교를 수료한 것에 매우 감사하고 있습니다. 앞에서도 말했지만 아버지 학교는 문제가 있는 아버지를 바로 세워 가정을 회복하기 위해 만들어진 곳입니다.

아버지 학교는 매주 토요일 오후 5시에 시작해서 밤 10시까지 5시간 동안 열렸는데 학기는 단 1학기, 기간은 5주였습니다. 6년을 다닌 초등학교보다, 6년을 다닌 중·고등학교보다, 4년을 다닌 육군사관학교보다, 단 5주 다닌 아버지 학교에서 저는 가장 많은 눈물을 흘렸고 가장 깊은 감동을 받았으며 가장 큰 변화를 이뤘답니다.

제가 받은 졸업 선물은 저와 아버지의 관계 회복이었지요. 저는 아버지 학교를 나오기 전까지 아버지가 가해자고 제가 피해자라고 생각하며 인생을 살아온 사람입니다. 그런데 이것이 편견과 오해였다는 사실을 아버지 학교에서 완전히 깨닫게 되었답니다. 제가 오히려 가해자였다는 사실을 알고 나서 얼마나 많은 회개의 눈물을 흘렸는지요. 아버지 학교 입교? 빠를수록 좋습니다. 아내와의 관계, 자녀와의 관계가 놀랍게 회복됩니다.

외로운 아빠들

외로운 아빠들의 한탄이 여기저기서 들려온다. 아이가 엄마만 찾고 아빠는 찾지 않는다는 것이다. 아빠들은 아이들이 왜, 언제부터 자기와 멀어졌는지를 모르겠다고 한다. 자기는 '돈 버는 기계'라고 말하는 아빠들도 있다.

이런 현상은 어느 나라나 마찬가지다. 미국의 아빠라고, 프랑스의 아빠라고 사정이 다르지는 않다.

'이제 바쁜 것 좀 지나가면.', '나중에 돈 많이 벌고서…….'

하지만 그사이 아이가 훌쩍 커 버린 것이다.

그리고 커 버린 아이들은 아빠에게 마음의 문을 쉽게 열지 않는다. 이것이 외로운 아빠 탄생의 세계적인 공통 이야기다.

행복한 아빠

어느 날, 아내가 책을 한 권 주면서 집에 오면 아기에게 읽어 주라고 했습니다. 첫돌이 지난 아기는 처음에는 책을 본숭만숭했습니다. 하지만 매일 읽어 주니 어느 날부터 제가 집에 오면 책을 가지고 무릎으로 기어 올라오는 겁니다. 아기를 품에 안고 책을 읽어 주는 기분!

지금은 아기와 내가 어떤 단단한 끈으로 묶여 있는 것을 느낍니다. 이것을 정신적 유대라고 하는 것이겠지요.

아동기에 하면 좋은 다섯 가지 교육법

책을 읽어 주면서 키운 소중한 아이는 대략 5~6세가 되면서 글을 읽기 시작합니다. 이때는 과연 무엇을 어떻게 교육하는 것이 좋을까요. 실천하기 어려운 것도 말고, 너무 많이도 말고, 그러나 효과는 매우 좋은 방법이 있다면 정말 좋겠지요?

스스로 책을 읽는 아이로 자라게 하기 위해서 저는 총 다섯 가지 방법을 실천해 보았습니다. 하나하나 소개하기에 앞서 독서에 대한 좋은 문장 두 개를 먼저 소개하고 넘어가지요.

책 안 읽는 사람은 어리석고, 책 안 읽는 가정은 재미없고, 책 안 읽는 민족은 천박하다. ―인젠리

방금 문장은 『인재시교』라는 좋은 책을 집필한 중국의 인젠리 여사가 그의 저서에서 한 말인데 정말 멋진 말입니다. 발간 3년 만에 무려 220만 부가 팔린 『인재시교』는 자식교육에 관한 명저서입니다. 그렇기에 저는 부모님들에게 이 책을 강력추천하며 최근에 어느 책에서 읽은 다음 문장도 알려 드리고 싶네요.

가난한 사람은 독서로 부자가 되고 부자는 독서로 귀하게 된다. ─왕안석

하나, 아이가 서서 큰소리로 읽게 해 보세요

아이가 유치원에 다닐 때의 일입니다. 퇴근하니 아내가 "여보! 오늘 낮에 유치원 선생님이 전화를 주셨어요. 상훈이가 다 잘하는데 글쎄 앞에 나와서 발표하라고만 하면 주눅이 들어 못 한다고 해요. 참 걱정이네요. 속도 상하고……."

하루를 곰곰이 생각해 보니 아들놈이 지 애비를 닮아 내성적이어서 그런 듯싶더군요. 아이들이란 참 닮아도 꼭 지 애비 못난 것부터 닮는다지요?

다음날 퇴근해서 아들을 불러 세워놓고 책을 한 권 쥐어 주며 큰소리로 읽어 보라고 했지요. 그랬더니 예상한 대로 처음에는 제법 기세 좋게 큰 소리로 읽어 나가더니 채 30초도 못 가서 모깃소리를

독서를 좋아하는 아이로 키우세요

내더군요.

저는 즉각 진단을 마치고 이내 처방을 내렸습니다. "상훈아, 잘 읽었다. 큰 소리로 읽는 것이 어떤 사람에게는 쉽지만 또 어떤 사람에게는 너처럼 어렵단다. 그건 타고난 성격의 차이지 좋고 나쁘고의 문제는 아니니 우선 안심해라. 아빠가 곧 고쳐 줄게."

아내는 다음날부터 아들을 하루에 딱 7분만 통제하기 시작했습니다. 아들에게 매일 7분 동안 서서 큰 소리로 책을 읽는 시간을 갖게 한 것이지요. 왜 7분이냐고요? 일반적으로 유년기 아이들의 집중력은 10분을 넘지 않는다는 사실을 어느 책에서 배웠기 때문이기도 하고, 아이에게 책을 읽게 해 보니 한 장을 읽는 데 약 7분이 걸리기에 그렇게 정한 것이지요.

그 후 2개월이 채 안 된 어느 날, 아내가 말하더군요.

"여보! 선생님이 전화 주셨어요."

"상훈이가 몰라보게 달라졌는데 비결이 뭐냐고 물어오셨어요."

돌이켜보면 유치원 선생님이 저희에게 너무나 큰 선물을 주셨던 것 같습니다. 훌륭한 선생님의 사랑과 관심의 전화 한 통이 한 아이를 이렇게 크게 달라지게 한 것이지요.

자식농사 천하대본

소리 내어 읽기의 좋은 점

언제부터인가 아이들의 책 읽는 소리가 들리지 않는다. 거실과 방은 온통 책으로 가득 차 있는데 또렷한 목소리로 책을 읽는 소리는 어디에서도 들을 수 없다. 학교에서건, 유치원에서건, 집에서건.

"공자 왈 맹자 왈"

소리 내서

책을 읽으면

무엇이 좋을까요?

1. 머릿속에 더 쉽게 들어온다.

2. 발표력 향상에 아주 좋다.

3. 세 번 읽은 효과가 있다.

소리를 내서 책을 읽게 하는 것은 생각보다 많은 효과가 있답니다. 우리 선조들은 소리 내서 읽게 하는 학습의 효과를 아주 잘 아셨던 것 같습니다. 이 좋은 학습 방법이 교육 현장에서 사라졌다면 가정에서라도 하루 빨리 복원되었으면 좋겠습니다.

자식농사 천하대본

둘, 아빠가 매일매일 읽을 분량을 접어 주세요

'엎어진 김에 쉬어간다.', '달리는 말에 채찍질 한다.' 어느 속담이 더 적절한 표현인지 아리송합니다만 서서 큰소리로 책 읽기 프로젝트를 시행한 지 얼마 되지 않아서 이런 생각이 들더군요. 내성적인 성격을 개선 시켜 앞에 나가 발표를 잘하게 하는 것도 좋지만 이 기회에 책 읽는 습관을 들이면 더 좋지 않을까, 하는 생각을 말입니다.

그날부터 당장 시행에 들어갔습니다. 출근하면서 아들에게 지금 읽고 있는 책을 가져오라 했지요. "상훈아 어제 어디까지 읽었니?" 묻고난 후에 다음 장 귀퉁이를 접어 주면서 "오늘은 여기까지 읽고 나중에 아빠 퇴근하면 읽은 내용을 아빠에게 재미나게 얘기해줘요." 하고 말했습니다.

이때 주의할 점 하나! 이런 프로젝트를 시행할 경우, 본인에게도 자녀에게도 너무 부담이 가면 안 된다는 점입니다.

저는 퇴근 후 딱 5분! 정확히 5분을 사용했습니다. 아들이 읽은 내용을 말하면 들어 주고, 멋지게 사인해서 날짜를 기록해 주고, 또 다음날 읽을 곳을 접어 주는 등 아주 쉬운 단순 노동만을 되풀이했습니다. 결코 어려운 일이 아니지요? 꼭 실천해 보시기 바랍니다.

독서를 좋아하는 아이로 키우세요

셋, 독서 목록을 만들어 붙여 주세요

일생 동안 자신이 읽은 책이 모두 몇 권인지를 아는 사람은 매우 드물 것입니다. 아니, 어쩌면 그런 사람이 아주 존재하지 않을 수도 있다는 생각이 들기도 합니다.

그렇기에 자녀에게 독서 목록을 만들어 주고 평생 읽은 책을 기록하여 알게 해 주는 일은 그 자체로도 매우 희소성 있고 가치 있는 일이 될 것입니다.

독서 목록은 낱장으로 분리할 수 있게 해서 한 장이 다 채워질 때까지는 오가는 친척이나 방문객들이 볼 수 있도록 하는 게 좋습니다. 목록을 냉장고 같이 잘 보이는 곳에 붙여 두면 좋겠지요. 그렇게 한 다음 친척 또는 방문객이 올 때마다 상황과 시기를 살펴 자녀의 독서 활동을 자랑삼아 이야기해 준다면 이에 신이 난 자녀가 더 열심히 독서할 것입니다.

독서 목록을 준비할 때는 순번, 도서명, 저자명, 출판사, 시작날짜, 종료날짜 등이 꼭 들어가 있는 것을 사서 주거나 만들어 주면 좋습니다.

독서 목록 한 장이 다 차면 다음 장으로 바꿔서 붙여 주시고, 채워진 장은 반영구 보관이 가능하도록 코팅해서 따로 잘 보관해 줍니다. 자식이 이렇게 채워진 독서 목록을 평생의 기념물로 보관·관리할 수 있게 해 준다면 더욱 좋겠지요.

넷, 책꽂이에 읽은 책을 따로 보관해 주세요

읽은 책을 따로 정리해 두면, 자녀가 책꽂이에 책이 늘어나는 것을 보고 성취감을 느낄 수 있어 좋습니다. 또한 여러 번 읽은 책이나 유난히 빨리 읽은 책을 별도로 정리하는 것도 좋은 방법입니다. 아이가 어떤 분야에 관심이 있는지 어떤 적성을 가지고 있는지 파악하는 데 큰 도움이 되니까요.

다섯, 한 권씩 읽을 때마다 책거리를 꼭 해 주세요

옛날에는 서당에서 책 한 권을 다 떼었을 때 스승과 동학에게 음식을 차려 대접하는 일을 했다고 합니다. 이를 책거리, 책례라고 부르지요. 책거리를 할 때에는 주로 국수, 경단, 송편을 장만해서 나누어 먹었는데, 속이 뚫린 송편에는 '문리文理가 그렇게 뚫리라는 뜻'이 담겨 있었다고 합니다.

책거리를 하면 책 한 권을 모두 읽었다는 성취감을 얻을 수 있고, 자녀와 함께 오붓한 시간도 즐길 수 있으니 일석이조一石二鳥의 교육 방법이 아닌가 싶습니다.

꼭 국수나 송편이 아니어도 상관없습니다. 자녀의 기호에 따라 책거리를 꼭 해 주세요! 짜장면도 좋고 돈까스도 좋고 용돈도 좋습니다. 중요한 것은 꼭 해 주는 것입니다.

요 점 정 리

◆ 영유아에게 하면 좋은 다섯 가지 교육법 ◆

Who.　가급적 아빠가 읽어 주세요

When.　아기가 태어난 날부터 읽어 주세요

How.　다정하게 대화식으로 읽어 주세요

Why.　아기의 두뇌 발달에 큰 도움을 줘요

What.　동시와 동요와 동화가 제일 좋아요

◆ 아동기에 하면 좋은 다섯 가지 교육법 ◆

하나, 아이가 서서 큰소리로 읽게 해 보세요

둘,　아빠가 매일매일 읽을 분량을 접어 주세요

셋,　독서 목록을 만들어 붙여 주세요

넷,　책꽂이에 읽은 책을 따로 보관해 주세요

다섯, 한 권씩 읽을 때마다 책거리를 꼭 해 주세요

사색하는 독서가 좋습니다

위정.15 학이불사즉망 사이불학즉태
學而不思則罔 思而不學則殆

위는 논어 위정편 제15장에 나오는 말씀입니다. 공자께서는 말씀하셨습니다. "배우기만 하고 생각지 않으면 견식이 어둡고, 생각만 하고 배우지 않으면 위태로워진다."

학學은 이미 있는 것, 이미 있었던 것을 배우는 것을 말합니다. 이는 다시 말해 타인이 이미 깨닫고 경험한 것을 수수하고 습득하는 과정을 뜻하는 것입니다. 그리고 생각한다는 것은 새로운 그 무엇을 창조하고 앞으로 나아간다는 진보 개혁의 과정을 말합니다.

생각 사思를 잘 살펴보세요. 마음 심心 위에 밭 전田을 놓아서 만든 글자입니다.

마음 위에 밭? 마음이 밭에 가 있다?

밭이 생각과 무슨 관련이 있을까요? 여기서 밭田은 우리 몸 안에 있는 세 가지 밭 중에 상단전上丹田 즉, 뇌를 뜻한답니다. 몸에는 중

단전中丹田 심장과 하단전下丹田인 배꼽 밑이 있지요.

　지금까지 독서의 중요성을 말했기에, 오해하는 분이 계실 것 같아 말씀 드립니다. 아이들이 수박 겉 핥기 식의 독서를 하지 않게 지도해 주시기 바랍니다. 단순히 책 읽기만 하는 아이 말고 독서와 함께 사색을 즐기는 아이로 키우세요!

독서는 한마디로 우리들 마음에 지식의 소재를 제공해주는 것에 불과하다. 결국 우리가 읽은 것을 제대로 우리의 것으로 익히게 해주는 것은 사색이다. ─ 존 록

장을 끝마치며

독서 명언 많이 아시나요?

좋은 책은 우리의 미래를 밝혀 줍니다. 이쯤에서 독서에 관한 명언을 모아 읽는 것이 독서의 중요성을 역설하는 그 어떤 연설보다 호소력 있고 설득력 있을 것 같다는 생각이 듭니다.

함께 읽어 보시죠.

좋은 책 한 권을 꾸준히 읽는 데서 우리는 행복의 샘을 발견할 수 있다. ― 알랭

사람의 품격은 그 사람이 읽은 책을 통해 판단할 수 있다. 그것은 마치 친구를 보고 판단할 수 있는 것과 같다. ― 스마일즈

방에 서적이 없는 것은 몸에 영혼이 없는 것과 같다. ― 키케로

돈은 빌려 주지 않아도 책은 빌려 준다. ― 유대 격언

두뇌의 세탁에 독서보다 좋은 것은 없다. 건전한 오락 가운데 가장 권장해야 할 것은 자연과 벗하는 것과 독서하는 것 두 가지라 하겠다. ― 도꾸도미 로까

양서를 읽는 것은 지난 몇 세기 동안에 걸친 가장 훌륭한 사람들과 대화를 하는 것과 같다. ― 데카르트

책은 모든 것이며, 심지어 내 자신의 성격과 인격조차 연마해 주는 아주 무던한 벗이다. ― 미상

양서는 최선의 친구이다. 오늘도 내일도 영원히 그럴 것이다. ― M.F. 터퍼

책은 읽기 위한 것이지 장식해두기 위한 것은 아니다. 책은 존경심을 품고 다루어야 한다. — 임마누엘

읽는다는 것은 우리들이 가장 게을리하기 쉬운 언어 체험이다. — 윈 웽거

입으로 읽지 말고 뜻으로 읽으며, 뜻으로 읽지 말고 몸으로 읽자. — 미상

지극한 즐거움으로는 책 읽는 것보다 나은 게 없고, 지극히 중요하기로는 자식을 가르치는 일보다 나은 것이 없다. — 명심보감

지금까지 인류가 행하고 생각하고 획득하고 또 있어 온 것은, 모두가 마술적으로 보전된 것처럼 책 속에 담겨 있다. — 토마스 칼라일

조기교육 단상

발묘조장拔苗助長

拔：뺄 발 苗：싹 묘 助：도을 조 長：긴 장

맹자孟子에 나오는 이야기다. 중국 송宋나라에 어리석은 농부가 있었다. 모내기를 한 이후 벼가 어느 정도 자랐는지 궁금해서 논에 가보니 다른 사람의 벼보다 덜 자란 것 같았다. 농부는 궁리 끝에 벼의 순을 잡아 빼니 약간 더 자란 것 같았다.

집에 돌아와 식구들에게 하루 종일 벼의 순을 빼느라 힘이 하나도

없다고 이야기하자 식구들은 기겁하였다. 이튿날 아들이 논에 가보니 벼는 이미 하얗게 말라 죽어 있었다.

우직지계迂直之計의 반대말에 해당하는 말이라 할 수 있는 발묘조장拔苗助長은 성급해서 오히려 해가 되는 행동을 가리킬 때 쓰는 사자성어지요.

'독서 교사가 제자들을 추적·조사한 결과 중학생이 되자 한자를 달달 외운 학생보다 독서 교육을 받은 제자의 학업 성적이 월등히 좋아졌다는 사실을 알게 되었다.'

『인재시교』의 위 내용은 우리에게 주입식 교육이나 암기 위주의 교육보다 독서를 활용한 교육이 좋다는 것을 잘 말해 주는 조사 결과인 것 같습니다. 학원에만 전적으로 의존하는 조기교육을 발묘조장拔苗助長에 비유할 수 있다면 유소년기 아이들을 자연 속에서 즐겁게 뛰놀게 하고 책을 읽는 습관을 들여 주는 방식인 독서 위주의 교육은 우직지계迂直之計에 해당한다고 볼 수 있지요. 물론 우직지계迂直之計를 발휘하려면 상당한 노력이 필요하답니다. 하지만 부모님의 끈기 있는 노력은 반드시 좋은 결과로 돌아옵니다.

기초를 무시하면 어떻게 될까요

모든 운동의 기초는? 달리기

모든 관계의 기초는? 효도

모든 과학의 기초는? 자연

모든 공부의 기초는? 흥미

모든 성공의 기초는? 독서

아이가 중학교에 다닐 때 이런 소리를 아이의 선생님으로부터 듣게 되면 참 막막해집니다.

"애가 기초가 부족해서 그래요. 그러니 학습이 뒤처지는 겁니다."

이런 소리를 아이가 고등학생 때 들으면 또 어떻겠습니까? 진짜로 막막하고 답답하겠지요?

대구육상선수권대회를 기억하십니까? 그 대회에서 개최국인 우리나라는 단 한 개의 메달도 따지 못했습니다. 도대체 무엇 때문에 이러한 결과가 나왔을까요. 가장 큰 원인은 기초를 소홀히 하는 우리의 성향 때문 아닐까요?

기초는 우리 생활 곳곳에서 무시당하고 있습니다. 육상에서뿐만 아니라 자식교육에서도 그렇습니다.

자녀가 공부하는 데 흥미를 잃게 만드는 사람은 누구입니까? 자식이 성공하는 데 필요한 독서를 못 하게 하는 기관은 어디입니까? 누가 자녀를 자연으로부터 멀어지게 만들까요?

인간관계의 기초가 효도라지만 어떻습니까? 학교나 가정에서 효를 중요하게 가르치나요? 과학기술의 중요성을 강조하면서도 자연에게서 아이를 점점 멀어지게 하는 것이 오늘날의 교육 환경이 아닌가요?

엄마의 마음

맞벌이 가정은 대책이 없어요.

학원 안 보내고 방치할 수는 없잖아요.

영어교육은 빠를수록 좋은 것 아닌가요?

남들 다 시키는데 우리 아이만 안 시키면…….

수학은 어려워 선행학습이 필요한 것 아닌가요?

미리 공부하면 학교 진도 나갈 때 낫지 않겠어요?

— 맞벌이하랴 살림하랴 바쁜 대한민국 어느 학부모들의 푸념

솔직히 말해 봅시다. 학원은 왜 보내시나요. 공부를 남들보다 더 잘하는 아이로 키우고 싶어 학원에 보내는 부모님들보다는 '남들

다 시키는데 내 자식만 안 시키면 뒤처지지 않나.' 하는 불안 때문에 학원에 보내는 부모님들이 더 많은 것 같습니다.

특히 맞벌이 부부의 경우에는 정말 대책이 없는 것 같기도 합니다. 이럴 때는 어떻게 해야 할까요. 저는 유대인 맞벌이 가정의 예에서 힌트를 얻을 수 있다고 봅니다.

유대인 맞벌이 부부들은 대체로 방과 후 아이가 혼자 생활하는 것을 두려워하지 않는다고 하네요. 오히려 스스로 생활할 수 있도록 주변 여건을 잘 활용해 적극적인 아이로 키우고 있다고 합니다.

영어교육 역시 빠를수록 좋다고만은 할 수 없습니다. 모국어를 잘하게 된 다음에 배워도 늦지 않는다는 전문가의 말을 저는 믿으니까요.

왜냐고요? 제가 직접 경험했으니까요. 제 아들은 중학교 때 처음 영어를 시작했습니다. 제가 한 일은 '위컴'이라는 영어회화 듣기전용 녹음기 한 대를 사준 것뿐입니다. 영어를 잘하려면 우선 귀부터 뚫어야 한다는 어느 전문가의 말이 마음에 와 닿아서 그대로 실행했습니다. 그래서 어떻게 됐냐고요? 굳이 답이 필요한가요?

수학의 경우도 그렇습니다. 우리나라 교과과정 속 수학은 난이도가 너무 높아 선행학습보다 복습이 필요한 학생이 많다고 합니다. 선행학습이 필요한 경우에는 백과사전을 활용해서 방학과 같이 시간이 많은 때에 집중적으로 가르치는 것도 좋습니다.

대한민국 엄마들의 염려스런 마음은 저도 이해합니다. 그러나 무턱대고 학원에 보내는 것보다 더 좋은 방법이 있지 않을까요? 물론 한두 과목의 보충을 위해 학원에 보내는 것조차 나쁘다고 말할 수는 없겠지요.

우리 아이, 늦은 건 아닌가요?

괄목상대
刮目相對

아주 중요한 의미를 압축해서 짧게 표현하기에 한자漢子보다 효과적인 문자는 없는 듯합니다. 단 네 글자만으로 심오한 뜻을 전달할 수 있는 사자성어!

사자성어 중에 괄목상대刮目相對라는 단어가 있습니다. 이에 얽힌 이야기를 살펴보겠습니다.

> 중국 삼국시대 여몽은 군사에 밝았지만 글을 잘 읽지 못해 대장군감이 되지 못했다. 가난을 떼어내기 위해 전장에 나가 살다시피 했으므로 책을 읽지 못한 터이다. 손권이 여몽에게 말했다.

"경은 지금 일을 처리하는 자리에 올랐으니 글을 읽지 않으면 안 되오."

나이도 나이거니와 여몽은 군중 일이 많은 것을 이유로 사양했다. 손권이 다시 말했다. "내가 어찌 경보고 박사가 되라고 하는 것이겠소. 단지 책을 읽어 옛일을 알 수 있을 정도면 되오. 경은 일이 많다고 하지만 나보다야 많겠소? 북쪽의 조조는 전장에 나갈 때도 틈틈이 책을 읽는다 하오. 독서는 유익한 점이 많소."

여몽은 책을 읽기로 했다. 책사 노숙이 어느 날 여몽과 얘기를 나누다가 놀라 말했다. "그대가 보여준 재능은 예전 모습과는 전혀 다르구려."

여몽이 웃으면서 말했다.

"선비가 헤어진 지 3일이 되면 곧 눈을 비비고 서로를 대하는 법입니다."

사별삼일즉 당괄목상대士別三日卽 當刮目相對

'늦었다 할 때가 가장 빠른 때다.'라는 속담은 독서에 잘 어울리는 속담인 것 같습니다. 어린 나이부터 하면 더 좋겠지만 독서에 늦은 때란 없지요.

백과사전의 위력

아이가 초등학교에 다닐 때 큰맘 먹고 학생대백과사전 한 질을 사준 적이 있습니다. 당시에 저는 '장노'였기에 돈은 없고 있는 건 시간뿐이었지요. 여기서 '장노'란 교회 장로가 아니라 '장기적으로 노는 사람'을 의미합니다.

장노파에 한 번쯤 입당해 보신 분들은 일하는 것이 노는 것보다 쉽다는 사실을 잘 알게 되지요. 살다 보면 일이 지겹다, 쉬고 싶다! 이런 생각이 들 때가 있지요. 그럴 때 장노파에 한번 입당해 보세요. 노동이 인간에게 얼마나 커다란 축복인지 금방 아시게 될 거예요.

아이가 방학을 하자 백과사전을 이용해서 산수 선행 학습을 시행했답니다. 미처 몰랐지만 초등학교 한 학기 수업 분량, 별거 아니더라고요. 난이도도 그렇고요. 그렇지만 보다 효과적인 교육을 위해서 가르칠 부분을 예습하곤 했습니다.

이때 백과사전이 큰 도움이 되었습니다. 물론 요즘은 더 좋은 시청각 교보재가 많이 있는 것으로 알고 있습니다.

방학 기간을 이용해서 딸과 아들에게 선행학습을 시켰더니 다음 학기에 아이들이 말하더군요. 산수시간이 기다려졌다고 말입니다.

제 딸이 책의 원고를 쓰고 있는 제게 말했습니다. "아빠! 초등학교 때 산수공부 가르쳐 주셨잖아요? 그것도 쓰세요. 그리고 오빠가 백과사전을 보고 영법을 배워 수영을 했던 것도요." 하더군요.

백과사전 학습을 시작한 지 제법 시간이 지난 어느 여름, 친구들과 온 가족이 함께 물놀이를 갔었는데 글쎄 아들놈이 평영, 자유영, 배영 등 온갖 수영 흉내를 다 내는 게 아니겠습니까. 실제로 수영 한 번 안 배워 본 놈이 말이죠.

백과사전이 어느새 아들의 훌륭한 스승이 되어 있더군요.

행복의 정의조차 내리지 못하는 행복학 교수

지난 6년 간 행복에 대해 연구하고 저술활동을 해 온 플로리다 주립대학 역사학과 데린 맥마흔 교수는 아직도 행복에 대한 정의를 내리지 못했다고 고백했다. 그의 책 『행복 : 역사』는 행복에 관해 고민했던 위대한 사상가들을 추적하고 있다. 뉴욕 타임스가 2006년 주목할 만한 100권의 책 가운데 하나로 선정했던 이 책은 행복의 달성이라는 면보다는 추구하는 것에 더 관심을 두고 있다. 행복은 어떠한 방법으로도 도달할 수 없기 때문이라는 것이다.

행복에 관하여 6년을 연구한 교수도 행복에 대한 정의조차 내리지 못하고 있습니다.

과연 행복은 무엇일까요? 국어사전은 '행복이란 생활에서 충분한 만족과 기쁨을 느끼는 흐뭇한 상태'라고 정의하고 있습니다.

한자에 담긴 뜻을 보면 복福자는 제사상에 제물을 가득 올린 것을 형상화한 글자이며 행幸자는 갈 거去자와 거스를 역逆자의 합으로 천천히 죽는 것 즉 장수를 의미한다고 합니다. 그리고 보니 '행복은 신이 주는 것'이란 뜻이네요!

저는 개인적으로 행복의 키key는 관계에 있다고 생각합니다. 관계가 좋으면 행복을 느끼고 반대로 관계가 나쁘면 불행할 것입니다.

자식농사 천하대본

가령, 어느 날 퇴근해서 아내와 다퉜다면 그날은 행복한 밤을 지낼 수 없을 겁니다. 돈이 아무리 많다 해도, 명예가 아무리 높다 해도, 권력이 아무리 세다 해도 아내와 다툰다면 행복한 밤을 보낼 수 없는 법입니다.

책과 나의 관계, 나와 남의 관계, 나와 자연과의 관계가 좋으면 엔도르핀이 분비됩니다. 책을 좋아하고 사람을 사랑하고 자연을 즐길 수 있다면 행복은 가까이에 있는 것 아닐까요. 자녀를 행복한 사람으로 키우고 싶지 않으십니까?

책을 좋아하고, 사람을 사랑하고, 자연을 즐기는 자녀로 키우세요!

三章
사람을 사랑하는 아이로 키우세요

사람은 사랑하도록 물건은 사용되도록 만들어졌다. — 호위

사랑에 관한 몇 가지 생각

관계를 잘하려면

그 어버이를 사랑하지 않으면서 다른 사람을 사랑하는 자는 덕에 어긋난 것이고

— 효경 제9장 중에서

관계關係. 관자는 문門자와 옷을 소※자의 합입니다. 또한 계자는 '사람이 물건物件을 걸다→얽다.'의 뜻으로 발전한 글자랍니다.

한자의 뜻으로 보면 관계關係란 문 앞에서 물건을 걸고 서로 웃는 것을 뜻하는데 아마도 장사꾼과 집주인인 구매인 사이의 매매 행위를 표현한 것 같습니다.

관계는 인간사의 핵심입니다. 아리스토텔레스는 일찍이 '인간은

사람을 사랑하는 아이로 키우세요

사회적 동물이다.'라고 설파했습니다. 하나님께서도 '사람이 독처하는 것이 좋지 않다.'라고 말씀하셨지요.

관계 중에서도 대인관계는 가장 중요합니다. 그렇다면 이 대인관계를 잘하려면 어떻게 해야 할까요. 모든 관계의 묘약은 바로 사랑입니다. 그렇다면 사랑은 어디서부터 시작되는 걸까요?

공자께서는 사랑이란 가정에서부터 출발하는 것이라고 가르치셨습니다.

그렇습니다! 사랑은 가정에서 부모와 형제 사이에서 출발합니다. 공자께서 말씀하시길 부모 형제를 사랑하지 않고 다른 사람을 사랑하는 것은 도道 즉, 하늘의 뜻에 어긋난다고 하셨습니다.

'당신의 원수가 누구입니까?'라는 설문에 40%가 넘는 사람들이 아버지라 답했고, 37%는 어머니라고 답했다고 하네요. 충격적인 결과이지요? 이 설문 결과는 부모와 자식 간에 친밀한 관계를 맺고 유지하는 것이 결코 쉽지 않다는 사실을 알려 줍니다.

인간관계를 잘한다는 것은 사랑을 잘한다는 말도 됩니다. 사랑을 잘할 줄 아는 아이로 키우려면 어떻게 해야 할까요. 먼저 부모 형제를 사랑하는 아이로 키워야 하지 않을까요?

정신이 건강하십니까

생각해 봅시다. 우리는 모두 정상인가요?

우리는 무얼 보고 무얼 듣고 무얼 행하고 무얼 생각하고 사나요.

우리가 가장 많이 듣고 보는 것은요?

우리가 가장 많이 듣고 보는 언론은 정상인가요?

신문, TV, 뉴스, 드라마, 예능 프로그램은 과연 건강한 내용을 담고 있을까요? 선정, 폭력, 비윤리, 비도덕, 외모지상주의, 호화, 사치 등으로 점철되지는 않았는지 생각해 볼 때입니다.

사람들은 흔히 환경오염 앞에서는 목청을 높입니다. 왜냐, 자신의 육체에 직접적인 손상을 입히기 때문이지요. 그렇지만 정작 자기 정신의 오염에 대해서는 무감각하기 짝이 없습니다. 막장 드라마를 보면서 자신에게 피해는커녕 스트레스 해소에 도움이 된다고 여기는 것처럼요. 부정과 부패, 사고와 사기, 패륜과 무례가 대중을 이루는 뉴스를 보며 폐해가 없다고 여기기도 합니다.

입으로 먹고 마시고 코로 숨쉬는 것에는 민감하지만 보고 듣는 것의 폐해에는 둔감합니다. 대통령이 자살하고 교수가 자살하고 인기 연예인이 자살하고, 돈 때문에 자살하고 명예 때문에 자살하고 권력 때문에 자살하는 세상.

정신 건강에 하등 도움이 되지 않는 세상 속에서, 인문학이야말로 우리의 정신 건강을 지키는 학문이라고 할 수 있습니다!

사람을 사랑하는 아이로 키우세요

사랑이 부담스러운가요

[요한복음 13:34] 서로 사랑하라. 내가 너희를 사랑한 것 같이
너희도 서로 사랑하라.

안연.22 번지문인 자왈 애인
樊遲問仁 子曰 愛人

인류가 성인으로 추앙하는 동서양의 두 분께서는 사랑을 가장 중요시 여기셨습니다. 예수께서는 새 계명으로 사랑을 말씀하셨고 공자께서는 인仁이 무엇인지 계속해서 물어 온 번지樊遲라는 제자에게 마지막으로 가르쳐 주셨습니다. "인이란 애인愛人 즉, 사람을 사랑하는 것이니라!"

사람을 사랑한다는 것을 부담으로 생각하는 사람들도 있는 것 같습니다. 그러나 곰곰이 생각해 보면 그렇지 않음을 알게 됩니다. 사랑의 반대는 미움입니다. 우리는 살면서 사랑하지 않을 때 사랑 대신 미움이 마음의 자리를 차지하는 경우를 종종 겪게 됩니다.

사람을 미워하면 누가 가장 피해를 볼까요? 미움을 받는 사람일까요? 물론 그 사람도 피해를 보겠지요. 그러나 알고 보면 미워하는 사람이 제일 먼저 피해를 입게 됩니다.

자식농사 천하대본

왜냐고요? 우리가 미운 감정을 갖게 되면 우리 몸에서 아드레날린이 분비된다고 합니다. 아드레날린은 혈압을 올리는 것인데 다시 말해 사람을 열 받게 하는 놈입니다. 남을 미워하면 어떤 때에는 잠도 못 자지요.

반면 엔도르핀은 웃을 때와 사랑할 때 분비되는 호르몬으로 피로 회복과 질병 퇴치에 탁월한 효과가 있다고 합니다. 그런데 감동을 받을 때는 엔도르핀의 4,000배나 좋은 다이도르핀이라는 호르몬이 나온다고 합니다. 이 호르몬은 아름다운 음악의 선율에 완전히 빠져들었을 때나 심금을 울리는 글을 읽을 때, 뜻밖의 진리를 깨달았을 때, 입이 떡 벌어질 정도로 아름다운 풍경에 도취되는 순간 많이 분비가 된다고 하네요. 논어나 성경 같은 양서良書를 읽으면 커다란 감동을 느끼게 되는데 이로써 암세포를 죽일 수도 있다고 하니 정말 신기한 일이지요.

사람을 사랑하는 아이로 키우세요

아버지를 알 수 없는 인간

뮤지컬 〈맘마미아〉가 공전의 히트를 치고 난 후 영화 〈맘마미아〉가 개봉이 됐더군요. 마침 그날은 아내의 55번째 생일이었기에 생일 축하 이벤트의 하나로 이 영화를 감상하기로 했지요. 나중에 알게 된 사실인데 영국에서는 이 영화가 역대 영화 중에서 가장 많은 관객이 동원된 영화라고 하더군요.

영화의 줄거리는 다음과 같습니다.

•

그리스 지중해의 외딴섬. 젊은 날 한때 꿈 많던 아마추어 그룹 리드 싱어였으나 지금은 작은 모텔의 여주인이 된 도나와 그녀의 스무 살 난 딸 소피가 주인공이다. 미혼모 도나의 보살핌 아래 아빠 없이 성장해 온 소피는 결혼을 앞두고 아빠를 찾고 싶어 하던 중, 엄마의 일기장을 몰래 훔쳐보게 된다. 그리고 그 안에서 찾은 엄마의 옛 애인들, 즉 자신의 아버지일 가능성이 있는 세 명의 남자, 샘, 빌, 해리에게 각각 엄마의 이름으로 초청장을 보낸다. 결혼식을 앞두고 분주한 소피의 집. 도나의 옛 연인 세 명이 속속 도착한다. 소피는 세 남자를 만나면 그중에서 쉽게 아버지를 찾을 수 있을 거라 생각했지만 막상 그들을 만난 후 자신의 아버지가 누구인지 알 수 없게 된다. 소피의 처지를 동정한 남자들이 모두 자기가 아버지라고 주장했기 때문이다. 드디어 고대하던 결혼식 날, 소피의 엄마 도나는 자신도 소피의 진짜 아버지가 누구인지 모른다고 고백한다.

— 영화 〈맘마미아〉의 줄거리

맘마미아! 이태리어로 뜻은 '어머나! 이를 어째!'

이 영화의 메시지는 무엇일까요? 누가 아버지인지 결코 알 수 없는 소피는 누가 신神인지 알 수 없는 우리네 인간이 아닐까요? 사랑으로 아기의 어미를 판별한 솔로몬의 지혜를 역으로 이용한다면 어떨까요? 사랑으로 아버지를 가려낼 수 있지 않을까요?

누가 내 아버지인지 직접 확인할 수 없는 가운데 태어나는 게 인생이듯 인간에게는 누가 신神인지를 식별할 능력이 없습니다. 그런 인간에게 신은 한 가지 방법을 가르쳐 주셨답니다.

인간을 가장 사랑하는 신이 진짜 신이요, 아버지라고……

인간을 위해 자신의 생명을 바친 그 사랑이야말로 가장 큰 사랑이 아닐까요?

사람을 사랑하는 아이로 키우세요

자식으로부터 사랑받고 계시나요

전 초딩입니다. 그런데 학원 다니기가 너무 힘듭니다. 겨우 5학년인데 학원을 서너 군데씩 다닌다고요, 후~. 저의 스케줄을 보시면. 어휴, 진짜 놀랄 겁니다. 학교 갔다 와서 쉬지도 못하고 피아노로 달려갑니다.

피아노가 끝나면 4시. 하지만 바삐 영어 학원으로 발길을 돌려야 해요.

6시에 수업이 끝나고 집에 오면 7시에 과외선생님이 오세요.

토요일에도 보충. 일요일엔 숙제. 산더미 같은 숙제. 그래서 엄마에게 다니기 싫다고 한 개만 끊어달라고 했더니 바로 혼을 내시더라고요.

난 중학생도 아니고 5학년인데 꼭 8시, 9시에 끝나야 해요?

엄마가 말하길 한국에서 살면 19년 동안 아주 바쁜 삶을 살아야 한다고 그러는데, 이거 진짠가요?

— 눈코 뜰 새 없이 바쁜 초등학교 5학년 아이의 푸념

통계청 조사 결과 2011년 6월 말 현재 맞벌이 가구는 507만 가구로 나타났습니다. 이는 배우자가 있는 1,160여만 가구의 44%에 해당합니다.

"그런데 집에는 아무도 없어요~. 엄마 아빠는 맞벌이 중이에요~. 엄마 아빠는 학원비를 벌기 위해 숨만 쉬고 일을 하고 있어요~."

위 대사는 요즘 한창 인기를 끌고 있는 텔레비전 개그 프로그램 중 〈사마귀 유치원〉이라는 코너에 나오는 대사의 한 토막입니다. 이 개그 프로그램을 시청하면서 문득 아주 오래전에 있었던 일이 생각나더군요.

어느 날 아내가 제게 일기장을 보여주었습니다. 아파트 통로에 버려진 초등학교 저학년 아이의 일기장이었습니다.

일기장에는 이런 내용이 거의 매일 반복해서 써 있었습니다. 왜인지 측은한 느낌이 드는 그런 내용의……

'오늘도 엄마는 없다. 엄마는 매일 어딜 나가시는 걸까?'

내용으로 미루어 볼 때 전업

사람을 사랑하는 아이로 키우세요

주부인 어머니께서 자주 집을 비우신 것 같습니다.

문득 어디선가 읽은 남궁원 배우의 반려자의 말이 생각나네요.

"아이가 학교에서 올 때쯤이면 나는 항상 집에서 아이를 맞았다."
어느새 우리나라에서는 방과 후 학원에 가는 아이들의 모습이 일상
이 된 것 같습니다. 학원 한두 개는 기본이고, 서너 개는 옵션, 거기
에 과외까지 보태지니 아이들의 얼굴에 피곤이 가득할 수밖에요.

우리 어른들도 학원을 서너 개씩 다니라고 하면 힘들어 할 게 분
명한데, 어린 아이들에게 그런 것을 강요하면 되겠습니까.

학원? 꼭 다녀야 하는 걸까요? 학원에 다니지 않으면 많은 부모
님들이 염려하는 것처럼 학업에 뒤처지고 대단히 큰일이 벌어지는
것일까요? 저는 그렇지 않다고 생각합니다.

이는 모두 제가 보고 듣고 겪은 바가 있어 주장하는 것이니, 의심
의 표정은 거둬 주세요. 그래도 여전히 제 주장을 의심하는 분이 계
실 것 같아 저의 육군사관학교 31기 동기생, 한 분의 이야기를 하겠
습니다.

예산 군수를 지낸 정○○ 님은 저희 육사 동기생 중에 군수郡守를
지낸 유일한 분이랍니다. 민선民選이 아닌 관선官選 군수였지요. 그분
이 군수로 처음 부임한 곳은 공교롭게도 제 아내가 자란 곳이요, 처
가가 있던 충남 청양군靑陽郡이었답니다.

어느 명절날 처가에 가는 도중에 청양군청에 들러 정 군수님과 반

자식농사 천하대본

갑게 만난 적이 있지요.

그때 그분은 말씀하셨습니다. "군수 하면 지방 목민관인지라 처자식을 모두 데리고 내려왔습니다."

정 군수께서는 슬하에 1남 1녀를 두었는데 당시 장남은 중학교 2학년, 딸 혜윤 양은 초등학교 6학년이었던 것으로 기억합니다. 대부분의 관리들이 지방관으로 임명을 받으면 처자식을 대도시에 남겨두고 자신만 임지로 내려가서 근무하는 것이 상례인데 정 군수는 한참 공부해야할 자녀들을 모두 데리고 내려오는, 어찌보면 무모한 일을 저지른 것입니다.

그래서 속으로 "참 대단한 분이시다."라고 생각하고 있는데 그분께서 이렇게 말하시더군요.

"나는 부임하자마자 아들 덕을 좀 봤답니다. 혜철이가 충청남도 도道 경시대회에 나갈 군郡 대표로 뽑혔는데 이를 두고 기존의 일부 향리들이 군수 아비 백으로 선발이 되었다고 음해를 하는 거예요. 참 어처구니가 없더군요. 그런데 경시대회에 나간 혜철이가 도道 전체에서 3등을 했지 뭡니까? 물론 다른 아이들은 성적이 좋지 않았고요. 그러니 나를 음해하던 분들의 코가 납작해졌지요. 하 !하! 하!"

"허! 허! 허!"

그 후 예산 군수로 영전하셨을 때는 친한 벗들과 숙소에 들러 아예 1박 2일을 하고 온 적이 있지요.

"그래, 이곳도 역시 자식교육하기가 쉽지 않은 환경인데 어떻게 하고 계십니까?"

하고 물으니 그분이 하시는 말씀.

"저녁에 퇴근한 후 나는 영어를 가르치고 아내는 수학을 가르칩니다."

그분의 두 자녀는 함께 충남 과학 고등학교를 그것도 탁월한 성적으로 입학한 영재英才입니다. 그 후 남매는 당당히 S대학의 최상위 학부에 입학했습니다. 정 군수님처럼 학원에 의존하지 않고서도 자녀들을 명문대학에 보낸 부모님들이 의외로 많다는 것을 아시기 바랍니다.

이 이야기를 읽으면서 어떤 생각을 하셨나요? 아이를 등 떠밀어 여기저기 보내는 게 여전히 옳다고 생각하시나요?

저는 부모가 아이를 직접 가르치는 것만큼 좋은 학습방법은 없다고 생각합니다. 부모가 직접 가르치는 과정에서 아이는 부모의 사랑을 받고 있다고 느끼게 되고 자연히 부모를 사랑하게 되겠지요.

혹시 과도한 사교육 때문에 자식과의 관계에 금이 가고 있지는 않습니까? 비록 사랑으로 시작했다고 해도 결국에는 미움으로 끝나지는 않을런지요.

아이가 부모를 사랑하게 하는 교육 방법을 강구해야 할 때입니다. 부모를 사랑하지 않는 아이는 다른 어떤 사람도 사랑할 수 없는 법이니까요.

아이와의 관계가 참 좋아집니다

저는 졸업 후 5년 만에 모교에서 근무하는 행운을 누릴 수 있었습니다. 육군사관학교로 전근한 그해 초겨울에 아들을 낳았고 2년 후에 딸을 낳았지요. 육군사관학교는 자녀를 키우는 군인軍人에게 더할 수 없이 좋은 곳입니다.

저는 전쟁사戰爭史 강사로서 정시 퇴근이 가능한 근무환경에서 지냈기 때문에 퇴근 후의 시간을 이용해서 야간 교육대학원을 다녔었지요. 그러다보니 자연히 자식교육에 관심을 갖게 되었고 퇴근 후 돌 무렵의 아들에게 책을 읽어 주는 소위 '독서 프로젝트'를 시행할 수 있었습니다.

'독서 프로젝트'는 아들의 집중력을 고려해 하루에 5분을 넘기지 않았답니다. 당시는 웅진 출판사에서 나온 동화 전집이 한참 유행하던 시절이었지요. 저는 책을 읽어 줄 때 반드시 아들을 무릎 위에 앉혀 놓고 읽어 주었습니다. 스킨십을 위해서 말이죠. 그러면서 매 문장마다 먼저 아들의 이름을 불러 줍니다.

"상훈아, 옛날에 홍길동이 살았대요."

"그런데 상훈아~."

이렇게 말끝을 올려서 질문을 유도하는 억양으로 읽어 주었습니다. 이제 겨우 엄마 아빠를 어렵게 구사하는 아기가 무슨 대꾸를 하겠습니까만, 마치 응답을 할 수 있는 아이와 대화하듯이 읽어 주었지요.

아이가 대꾸는 못 해도 두뇌는 활발히 운동하고 있다는 사실을 배워서 알고 있었으니까요.

그러자 책을 읽어 준 지 3개월 만에 아이가 끝 단어를 흉내내며 대꾸하기 시작했고, 6개월 만에 짧은 문장은 온전하게 되물어 왔습니다. 그때의 기쁨은 정말 컸지요.

저는 이 프로젝트를 대한민국에 계신 모든 아빠들께 자신있게 권합니다. 아기를 안고 책을 읽어 주면 아빠와 자식이 서로 친해져 평생 좋은 관계가 됩니다!

예방주사 아시죠?

저희 또래가 자랄 때만 해도 예방주사를 요즘 아이들처럼 많이 맞지는 않았습니다. 생각나는 주사가 있다면 천연두 주사, 결핵 주사, 장티푸스 주사 정도? 그런데 지금은 아주 많더군요. 국가 필수 예방 접종만 무려 8종이라고 합니다.

혹시 사춘기 예방주사라고 들어 보신 적 있으신가요?

많은 부모님들이 자녀의 사춘기를 전혀 대비하지 않고 키우고 계신 것 같아 드리는 말씀입니다.

자녀와 부모의 친소親疎 관계는 대략 4세 이전에 결정된다고 합니다. 이 시기에 자녀와 어떤 관계를 갖고 지내느냐가 일생 동안의 관계를 좌우한다고 하지요. 자녀가 사춘기가 됐을 때 더 신경을 쓰면 모든 게 해결된다고 생각하기 쉽지만, 실은 사춘기를 잘 넘기는 아이로 키우려면 일찍부터 노력이 필요합니다. 제가 알고 있는 사춘기 예방주사는 이것입니다. 부모가 아기를 안고 책을 읽어 주는 것!

이게 바로 천연 사춘기 예방주사지요!

사랑을 잘하는 아이로 키우는 다섯 가지 방법

하나, [인仁] 효도하는 아이로 키우세요

학이.2 효제야자 기위인지본여

孝弟也者 其爲仁之本與

부모에게 효도, 형제와의 우애가 인仁의 근본이다.

사랑은 동심원을 이루며 퍼져 나가는 물결과 같다고나 할까요?

부모를 사랑하는 효孝와 형제를 사랑하는 제弟가 인仁, 즉 인간관계의 근본이라고 논어는 가르치고 있습니다.

자신을 낳아주신 부모님을 사랑하지 않고 과연 남을 사랑할 수 있을까요? 그럴 수는 없겠지요. 억지로 사랑하는 척은 할 수 있겠지만 진정한 사랑은 아닐 겁니다. 단지 자신의 이익을 위해서 사랑을 가장한다 해도 어떤 계기가 주어지면 다 드러나게 되어 있지요.

자한.27 세한연후 지송백지후조야
歲寒然後 知松柏之後彫也

이는 날씨가 추워진 다음에야 소나무와 측백나무가 늦게 시드는 것을 안다는 뜻인데, 날씨가 추워지면 낙엽이 지듯이 사람도 위기에 처하게 되면 거짓 사랑이 밝혀지고 참 사랑도 드러나기 마련이지요.

부모를 진정으로 사랑할 줄 아는 사람이 형제도 사랑할 수 있고 형제를 사랑할 수 있는 사람이 이웃도 회사도 나라도 사랑할 수 있 겠지요?

이에 동의하신다면 자녀가 먼저 부모를 사랑하게 양육할 것을 권 합니다. 효도가 곧 인간관계의 출발이니까요!

☞ 효도하고픈 부모가 되어 주세요

부모께 먼저 함께 효도해야

부부가 먼저 서로 존중해야

부모가 먼저 아이 사랑해야

— 자식에게 효도하고 싶은 부모가 되는 방법

저는 효도에 관해서는 할 이야기가 많습니다. 왜냐하면 제가 바로 불효자이기 때문입니다. 효자들은 효도하고도 자신이 한 효도를 잘 모릅니다. 하지만 저는 불효를 한 까닭에 큰 곤욕을 겪었고, 그후 주변 사람들을 유심히 살펴보게 되었습니다. 그런데 참 놀랍게도 제 주변에서 잘된 사람들, 시쳇말로 출세한 사람들은 하나같이 효자였답니다. 정말 이상한 일이더군요.

그래서인지, 가끔 주례를 설 때마다 첫 번째로 당부하는 말이 바로 효도가 되었답니다.

젊은 사람들에게 효도를 이야기하면 부담스러워 합니다. 효도해야 한다는 말을 나이 든 사람의 넋두리 정도로 여기는 사람도 있지요. 이는 불효에 대한 후회가 늦게 찾아오기 때문입니다. 아무리 빨라야 40대 정도일까요?

하지만 기억해야 합니다. 효도하기도 어렵지만 불효를 당하는 것은 더 어렵다는 것을요.

뿌린 대로 거두는 것이 인생사라 했지요. 효자 집안에 효자 난다는 속담도 있잖습니까?

제가 나이가 들어서 이러는 걸까요? 옛말이 맞다는 생각이 드네요. 며느리를 얻은 후에도 자식이 아직 제 자식인 줄 착각하는 엄마는 팔불출에 속한다느니, 자식 군대 갔다 오면 그때부터 내 자식이 아니라느니 하는 말이 돌더군요. 그게 사실이라면 그런 입장이 되지 않도록 사전에 예방하는 게 어떨까요?

예방법이 있느냐고요? 물론입니다. 자녀에게 효도하고 싶은 부모가 되어 주는 것입니다. 그러기 위해서는 첫째, 부모된 분들이 먼저 자신을 낳아주신 부모님께 효도해야 하고, 둘째로는 부모가 먼저 서로를 아끼고 존중해야 하고, 마지막으로 부모가 먼저 진정 조건 없이 자녀들을 사랑해 주면 됩니다.

사람을 사랑하는 아이로 키우세요

정순왕후를 아시나요?

영조대왕이 본 왕비를 잃고 후비를 얻는 도중에 세 처녀가 최후로 간택이 되었다. 먼저 대왕이 물었다.

"김한구의 딸, 너는 어찌하여 아버지 이름을 수놓은 방석을 깔고 앉지 않느냐? '다른 처자들은 저는 누구 딸입니다' 하고 아버지 이름이 쓰인 방석에 앉아서 내가 판단하기 좋게 하는데 말이다."

"저는 아버지의 딸입니다. 딸이 어찌 아버지를 깔고 앉겠습니까?"

방년 15세! 드라마 이산李山에서는 정조를 부각시키다 보니 매우 표독한 여인으로 그려진 정순왕후! 기실 그분의 간택 일화를 보면 대단히 총명한 효녀였다는 것이 잘 드러납니다. 당시 영조는 66세! 효孝에 총聰을 더한 여인이었기에 왕비 오디션에 당당히 합격할 수 있었던 것이지요. 효도는 이렇게 집안을 일으켜 세우기도 합니다.

☞ 효의 중요성을 아셔야지요

칭기즈칸은 어떻게 세계를 정복했을까요? 몽고 군대의 힘 때문일까요?

기동력 : 경기병 1인이 3~6마리 말에 경무장

화력 : 경기병의 활이 주무기, 공성력(투척기 개발)

전술 : 속전속결, 표본전술 개발

심리전 : 상인으로 가장한 오열에 의한 공포심 조장

— 칭기즈칸 군대의 전력 요약

칭기즈칸은 강한 군대와 전쟁 기술을 가지고 있었지요. 그러나 이 것만으로 그의 세계정복을 설명하기에는 뭔가 부족하다고 생각되지는 않으신가요?

불과 200만 명의 백성과 10만 명의 군대로 세계를 정복한 칭기즈칸. 저는 칭기즈칸의 저력이 몽고 가정의 효에 있다고 봅니다. 당시 몽고는 게르 중심의 대가족 제도였습니다. 세계 제일의 유대인도 역시 대가족 제도를 유지하고 있습니다.

튼튼한 나라는 튼튼한 가정에서 출발하지요. 소련이 붕괴될 무렵 소련 사회의 이혼율이 30%를 넘었다는 것은 시사하는 바가 매우 큰 예라고 봅니다.

• 현대 문명의 위기는 기술 문명이 토끼처럼 달려가는 데 비해서 정신 문명이 거북이같이 뒤를 쫓는 데 있다.

• 윤리와 도덕 의식을 갖지 못한 민족은 멸망한다.

• 한 민족과 한 국가가 성숙하기까지는 숱한 시련과 반성, 그리고 성찰의 교훈이 축적되어야 한다.

• 5년 후 나를 알고 싶다면 두 가지만 살피면 된다. 지금 교제하고 있는 사람과 지금 읽고 있는 책이다.

• 창조적 소수가 늘 역사를 바꿔 나간다.

• 한국에서 장차 인류문명에 가장 크게 기여할 것이 있다면 그것은 부모를 공경하는 효 사상이다.

― 영국 역사학자 토인비

자식 농사 천하대본

둘, [의義] 정의로운 아이로 키우세요

용勇 : 용감한 사람으로 키우세요

정正 : 올바른 사람으로 키우세요

선善 : 선량한 사람으로 키우세요

정의란 무엇인가요? 행복이 무엇인지 정의하기 어렵듯 정의正義가 무엇인지 정의定意하는 것도 매우 어려운 일인 것 같습니다.

지난해 초 EBS에서 방송한 마이클 샌델 하버드 대학교수의 명 강의 제목도 '정의란 무엇인가'였지요. 방송은 실제 강의실에서 강의한 것을 녹화해서 두 시간 강의를 한 회로 편집, 무려 12회를 방영했던 것으로 기억합니다. 그만큼 정의라는 것이 무엇인지 밝히기 어렵다는 뜻이겠지요.

한자는 누가 만들었을까요? 참 궁금합니다. 처음 글자를 만들 때 얼마나 궁리하고 궁리해서 만들었을까요? 제 생각에는 많은 글자 중에서도 특히 추상명사를 만들 때 정말 어려웠을 것 같아요. 개념은 눈에 보이지 않으니까요.

의義란 '사람으로서 지키고 행하여야 할 바른 도리'입니다. 그런데 한자는 나我와 양羊을 합쳐서 이 뜻을 표현했답니다. 즉, 신께 양을 들어 바치는 것을 인간으로서 지키고 행하여야 할 바른 도리라고

본 것이지요. 한자를 만든 분이 누구인지 또 만든 시기가 언제인지는 모르지만 대단한 철학의 소유자인 것은 분명합니다.

저는 논어로 강단에 선 사람입니다. 논어에는 의義에 대한 가르침이 참 많습니다. 제가 평소에 아주 좋은 가르침이라고 여겼던 문장 세 가지를 가지고 어떻게 정의로운 아이로 키울지 생각해 보도록 하지요.

☞ [용勇] 용감한 사람으로 키우세요

위정.24 견의불위 무용야
見義不爲 無勇也

의를 보고도 행하지 않음은 용기가 없어서이다! 앞서, 한자에서 의義는 신에게 제사 지내는 행위를 형상화한 것이라고 설명 드렸는데 논어에 나오는 의義에 대한 공자님의 첫 가르침인 제2편 위정 24장의 말씀도 제사와 관련이 있는 말씀입니다.

용기란 씩씩하고 굳센 기운, 또는 사물을 겁내지 아니하는 기개를 말합니다. 정의를 실천하는 사람을 용기 있는 사람이라고 할 수 있겠지요. 위 가르침은 사실은 옳지 않은 제사법에 대한 공자님의 가르침에서 일부분을 따온 것입니다.

마땅히 드려야 할 귀신이 아닌데도 제사를 드리는 것은 그릇된 제사 행위 즉, 음사라는 사실을 알면서도, 소신 없이 따라하는 세태를 꾸짖어 용기가 없기 때문이라고 말씀하신 것이지요. '음사陰祀는 복이 안 된다.' 이 말은 다산 정약용님의 가르침이지요.

'모두가 아니오, 라고 할 때, 예! 라고 말할 수 있는 용기 있는 사람이 좋다.'라는 광고 카피가 한때 유행했었지요. 약관 24세에 대장군이 된 초한쟁패楚漢爭霸 시대의 불세출의 명장 한신韓信은 불량배의 가랑이 밑으로 기어들어가는 진정한 용기勇氣를 발휘한 사람입니다. 공자께서는 무용武勇을 진정한 용기라고 말씀하시지 않았답니다.

손자孫子는 '용겁勇怯은 세야勢也요.'라고 했습니다. 자녀를 용기 있는 사람으로 키우려면 세勢 즉, 환경을 만들어 줘야 하는데 그러려면 부모가 먼저 용감해져야겠지요.

사람을 사랑하는 아이로 키우세요

불굴의 용기

대한민국의 국운國運을 바꾼 88올림픽은 1981년 IOC총회에서 결정되었습니다. 그해 IOC총회는 독일 바덴바덴에서 열렸는데 당시 후보 도시는 우리나라 서울과 그리스 아테네, 호주, 멜버른 그리고 일본 나고야였습니다. 그러나 호주의 멜버른이 유치를 포기하고, 이어 아테네가 올림픽 영구 개최론을 주장하면서 IOC와 마찰을 빚어 유치를 포기하게 됩니다.

결국 우리나라 서울과 일본 나고야의 대결로 압축된 것이지요. 이렇게 되자 외국 언론들은 일제히 나고야의 승리를 예견하며 미리 나고야가 승리했다는 기사를 준비했었다고 하네요. 그도 그럴 것이 당시 일본은 세계 2위의 경제대국이요, 스포츠 강국인 반면 우리나라는 이제 겨우 경제발전을 시작하는 단계요, 또한 스포츠 후진국이었으며 언제 북한과 전쟁을 할지 모르는 매우 불안한 지역으로 인식되어 있었답니다.

그런데 막상 개표를 하니 스코어는 52:27. 예상을 뒤엎고 압도적 차이로 서울이 나고야를 이깁니다. 이를 우리는 바덴바덴의 기적이라고도 부르지요. 이 기적 뒤에는 분명 당시 올림픽 유치 위원장이셨던 고故 정주영 현대 창업자 님의 공로가 가장 크다고 생각합니다. 4~5

표나 얻을까? 했던 초반의 분위기. 성공 가능성이 전혀 없었던 88올림픽 유치에 대해 정몽준 의원은 아버지이자 당시 올림픽 유치 위원장이셨던 선친 정주영 회장의 말씀을 이렇게 회고했지요. "다들 안 된다고만 하는데 망하게 계획하면 망하고 흥하게 계획하면 흥하는 법이다. 기왕 마음먹은 유치를 못 하는 게 바보 아니냐!"

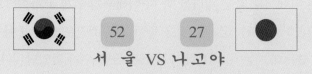

불굴의 뚝심으로 자동차와 조선, 건설이라는 중후장대한 분야에서 큰 기업을 일구신 그분의 용기와 지혜를 닮은 후배들이 많이 배출되길 바랍니다.

☞ [정正] 올바른 사람으로 키우세요

이인.16 군자유어의 소인유어리
君子喩於義 小人喩於利

군자는 의를 좋아하고 소인은 이익을 좋아한다는 뜻입니다. 논어의 다른 편에서는 같은 의미를 좀 더 이해하기 쉽게 군자회덕 소인회토君子懷德 小人懷土 즉, 군자는 덕을 좋아하고 소인은 땅을 좋아한다고 말씀하셨는데 저는 이 대목에서 실소를 금할 수가 없었답니다.

물론 이 말씀은 일반인을 상대로 한 것이라기보다는 정치의 길에 서 있는 관료들을 향해 하신 말씀으로 이해하는 것이 좋다고 봅니다.

이제 부동산 투기 장관은 일상다반사가 되어버린 상황이다. 정부 출범 이후 각료가 되었거나 각료에 낙마한 사람들 중 부동산 투기 의혹에서 자유로운 사람은 거의 없었다.

— 신문 기사에 등장한 우리의 세태

윗글은 얼마 전 신문 기사 내용을 그대로 옮긴 글입니다. 이 기사를 읽으면서 공자께서 하신 '이인. 16장'의 말씀이 생각나더군요. 옛 성현의 좋은 말씀이란 시대를 관통하는 진리를 담고 있음을 새삼

느꼈지요.

아이를 장차 큰 인물로 키우고 싶으시죠? 그러려면 우선 눈앞의 작은 이익이나 부당한 이득 앞에 "아니요."라고 거부할 줄 아는 사람으로 키워야 합니다. 특히 불로소득을 부끄럽게 생각하고 늘 경계하는 교육이 필요한 때입니다.

안중근 의사義士께서는 여순 옥중에서도 논어로 마음을 닦으시며 견리사의見利思義라는 글을 남기셨지요. 이익이 눈앞에 닥칠 때 이것이 의롭고 합당한 것인지 아닌지를 살필 줄 아는 것은 스스로를 지키는 것이요, 나아가 스스로를 높이는 일이 될 것입니다.

소탐대실小貪大失이란 바둑 격언 아시죠? 부당한 이득은 아무리 작은 이득이라도 거부할 줄 아는 올바른 사람으로 키우세요.

제갈공명은 27세에 유비의 청빙을 받아 오장원에서 죽을 때까지 20여 년을 재상으로 있었지만 청빈하게 살다가 죽었기에 더욱 존경을 받는다고 합니다.

명재상 황희는 청백리가 되고 싶어서 된 게 아니었습니다. 세종이 사람을 붙여 철저하게 감시하고 너무도 기분 나쁘게 점검하는 바람에 '내 참 더러워서 뇌물 먹지 않으리라.' 결심한 케이스라고 합니다.

언젠가 미국의 첫째 부자 빌게이츠와 둘째 부자 워런 버핏이 유명 대학교에 함께 초청 받아서 학교 강당 단상 위 안락의자에 편안하게 앉아, 사회자와 자연스럽게 대담을 나누며 가끔씩 학생들의 질문을 받고 답하기도 하는 프로그램을 본 적이 있었답니다. 제 생각에는 부자 순위 1, 2위면 서로 경쟁하는 관계에 처해 있어서 좀 불편해 할 것 같았는데 방송 내내 두 사람 사이의 긴장은 전혀 볼 수 없었고요, 대담 내용에 많은 지혜와 명철을 담고 있어서 좋았던 기억이 납니다.

그들은 훌륭한 경영자 이전에 이미 훌륭한 철학자였습니다.

특히 자식에 대해서 이야기를 나눌 때 저는 큰 감동을 받았습니다. 혹여 자신들의 재산이 자식의 인생에 나쁜 영향을 주지 않을까 해서 많은 염려들을 하더군요. 그걸 보면서 과유불급의 참 의미를 잘 알고 있는 철학자들이라는 생각이 절로 들더군요. '넘침은 모자람과 같다!' 역시 명언입니다.

아시다시피 빌게이츠는 자신의 전 재산 중 60% 이상을 이미 기부했고 워런 버핏은 더 대단해서, 자신의 이름으로 따로 재단을 만들지 않고 빌게이츠가 만든 재단에 상당한 재산을 기탁하여 자선 사업에 동참하고 있다고 하니 이 얼마나 아름다운 모습입니까. 둘은 죽기 전에 전 재산을 사회에 환원하겠다고 약속하고 서명하는 클럽까지 만들었고 미국 내 억만장자들을 직접 만나 자신들의 대열에 동참해 줄 것을 설득하여 이미 상당수 회원을 받았다고도 합니다.

자신이 속한 나라를 넘어 온 인류가 좀 더 발전하고, 가난과 질병이 없어져 보다 행복한 생활을 공유할 수 있도록 하는 것이 자신들 같은 부자들의 의무라고 생각하며 사는 사람들! 그들을 가리켜 행복한 부자라고 불러도 틀린 말은 아니겠지요? 참으로 위대한 부자들입니다!

국민으로부터 사랑을 받는 행복한 부자들이 미국보다 훨씬 많아진 대한민국을 그려봅니다.

사람을 사랑하는 아이로 키우세요

모교의 교훈

'대학의 문은 좁지만 우리는 뚱뚱하다.'

'네 성적에 잠이 오냐?'

'대학가든 공장가든 멋지게 신나게 참되게.'

윗글은 인터넷에 있는 웃기는 급훈 블로그에서 옮겨온 재미나는 급훈들입니다.

하지만 무엇보다도 아래 급훈이 마음에 쏙 와 닿는군요.

제 모교의 교훈은 '크고자 하거든 남을 섬겨라.'였답니다. 성경 마태복음 20장 말씀을 줄인 문장이지요. 이 문장은 제 일생의 좌우명이 된 교훈입니다.

육군사관학교의 교훈은 군인의 길을 가는 국가 간성들에게 걸맞은 지智.인仁.용勇이었고 이외에도 사관생도 신조와 사관생도 도덕률이 따로 있었는데, 모두 공자님의 가르침과 일맥상통했지요.

• 사관생도 신조

1. 우리는 국가와 민족을 위하여 생명을 바친다.

2. 우리는 언제나 명예와 신의 속에 산다.

3. 우리는 안일한 불의의 길보다 험난한 정의의 길을 택한다.

• 사관생도 도덕률

1. 사관생도는 진실만을 말한다.

2. 사관생도는 언제나 공명정대하다.

3. 사관생도의 언행은 언제나 일치한다.

4. 사관생도는 부당한 이득을 취하지 않는다.

5. 사관생도는 자신의 언행에 대하여 책임을 진다.

사람을 사랑하는 아이로 키우세요

☞ [선善] 선량한 사람으로 키우세요

태백8. 흥어시 입어예 성어락

興於詩 立於禮 成於樂

요즘 아이들은 미디어의 영향 때문인지 동요童謠보다는 아이돌 노래를 더 잘 아는 것 같지요? 나이와 미모는 분명 소녀인데 그녀들의 노래를 듣다 보면 가끔 가사가 좀 뭣한 경우가 자주 있더군요. 요녀시대를 넘어 야인시대요, 야인시대를 넘어 악녀시대인 것 같은 느낌의 가사도 종종 들리더군요.

말이 씨가 된다고 하지요. 입이 거칠어지면 마음도 거칠어지는 법! 요즘 학교 폭력이 심각한 수준에 이르렀다는데 혹시 이런 환경의 영향 때문은 아니겠지요.

> 뜸북뜸북 뜸북새 논에서 울고 뻐꾹뻐꾹 뻐꾹새 숲에서 울제
> 우리 오빠 말 타고 서울 가시면 비단구두 사 가지고 오신다더니
>
> — 동요 '오빠생각'

오누이의 정이 물씬 풍겨 가슴이 아려 오는 이 노래는 봄에 불러도 좋고 가을에 들어도 좋지요.

자식농사 천하대본

친구를 생각나게 하는 동요 '사우思友'! 이 노래 가사도 참 좋고요.

봄의 교향악이 울려퍼지는 / 청라 언덕 위에 백합 필 적에 / 나는 흰 나리 꽃 향내 맡으며 / 너를 위해 노래 노래 부른다 / 청라 언덕과 같은 내 맘에 백합 같은 내 동무야 / 네가 내게서 피어날 적에 모든 슬픔이 사라진다

— 동요 '사우'

'시 삼백이 폐일언하여 사무사思無邪'라 했습니다. 동시에는 사악한 가사가 전혀 없습니다. 그래서 교육은 흥어시興於詩 즉, 시로 일으키라고 하신 것이지요.

사람과 사람 사이의 관계를 아름답게 묘사한 동시! 사람과 자연, 사람과 사물 사이를 아름답게 표현한 동시! 이런 시를 읊조리다 보면 사람과의 관계, 자연과의 관계, 사물과의 관계를 잘하는데 큰 도움이 되겠지요.

여름이면 많은 분들이 피부가 검게 타는 걸 걱정하시는 데 그것보다 먼저 마음이 검어지는 것을 걱정해야 하겠지요?

사람을 사랑하는 아이로 키우세요

셋, [예禮] 극기하는 아이로 키우세요

화和 : 화평케 하는 사람으로 키우세요

격格 : 격조 있는 사람으로 키우세요

예禮 : 예로 서는 사람으로 키우세요

역사적으로도 그렇고 사회 각 분야에서 성공한 사람들은 왕왕 이런 말을 하곤 합니다. "저는 남이 아니라 저 자신과 싸운 겁니다."

공자께서는 극기복례克己復禮라 하여 자신을 극복하고 예로 돌아가라고 가르치셨습니다. 예禮라고 하면 과장된 허례나 허식을 먼저 떠올리게 되는데 이는 조선 양반 사회의 예가 지나치게 번잡하고 까다롭게 변질되었던 것에서 기인합니다. 사실 공자께서 가르치신 예禮는 검약儉約과 간소簡素였답니다.

• 집안이 나쁘다고 탓하지 마라

  나는 아홉 살 때 아버지를 잃고 마을에서 쫓겨났다

• 가난하다고 말하지 마라

  나는 들쥐를 잡아먹으며 연명했다

• 작은 나라에서 태어났다고 말하지 마라

  그림자 말고는 친구도 없고 병사로만 10만, 백성은 어린애 노인까지 합쳐 200

백만도 되지 않았다

- 배운 게 없다고 힘이 없다고 탓하지 마라

나는 내 이름도 쓸 줄 몰랐으나 남의 말에 귀를 기울이면서 현명해지는 법을 배웠다

- 적은 밖에 있는 것이 아니라 내 안에 있었다

나는 나를 극복하는 그 순간 '칭기즈칸'이 되었다

— 칭기즈칸의 어록

대표적인 극기의 인물 칭기즈칸의 어록입니다. 이것만 읽어보아도 자신을 극복한다는 것이 얼마나 중요한 것인지 아시겠지요? 그렇다면 자신을 이기는 아이로 키우려면 어떻게 해야 좋을까요?

양화.2 성상근야 습상원야

性相近也 習相遠也

사람의 천성은 거의 같지만 습관에 따라 서로 멀어진다

'사람은 자기 자신과의 싸움을 시작할 때 비로소 가치 있는 사람으로 여겨진다.'

영국의 시인 브라우닝이 한 말입니다. 그렇습니다! 자신을 극복하려면 자신과 싸워야 합니다. 자주 싸우되 습관적으로 치열하게 싸

울수록 좋습니다.

어떠십니까. 자신과 한판 붙고 싶지 않으십니까? 그러나 설불리 붙으면 어떻게 될까요. 예, 큰코다칠 수 있어요. 그러니 사전 준비가 필요하겠지요. 그렇다면 무얼 어떻게 준비해야 할까요. 막막하지요? 생각이 잘 나지 않는다고요? 이럴 때는 싸움의 전문가 선생님을 모셔 오면 좋겠지요. 누가 있을까요? 네! 그렇죠. 손자孫子 선생님을 모셔 오면 걱정 끝!

지피지기 백전불태
知彼知己 百戰不殆

많은 사람들이 손자孫子의 이 말씀을 '적을 알고 나를 알면 백전백승'으로 잘못 알고 계시더군요.

백승百勝이 아니라 불태不殆 즉, 위태롭지 않다고 말씀하셨답니다. 나와의 싸움을 하기 전에 먼저 나를 알아야 지지 않는 싸움을 할 수 있겠지요.

자신을 알려면 어떻게 해야 할까요? 외모를 알려면 거울을 보면 되는데 나의 진면목은 볼 수 없는 곳에 있지요? 내 자녀를 알려면 또 어떻게 해야 할까요. 나를 알고, 가까운 사람을 아는 것은 결코 쉬운 일이 아닙니다. 그래서 시視, 관觀, 찰察이 필요합니다.

나를 알기 위해서는 위인전, 자서전, 수신서를 거울로 삼는 것이 매우 좋습니다. 나의 장단점은 무엇인지, 또 좋아하는 것과 싫어하는 것, 고쳐야 할 점 등을 책에 있는 위인의 인품과 비교하면 알 수 있게 되지요. 여기에다 일기를 쓰는 습관을 더한다면 금상첨화錦上添花입니다. 문제는 일기 쓰는 습관을 들이기가 쉽지 않다는 것이지요.

일기는 어려서부터 쓰기 시작하지 않으면 커서는 습관을 들이기 정말 어렵습니다. 여러분들은 일기를 쓰고 계시나요?

얼마 전 기아자동차 사장인 친구를 만난 자리에서 일기를 쓰냐고 물은 적이 있습니다. 그가 말하기를 자신은 30여 년 동안 일기를 써왔다고 하더군요. 그런 얘길 들으니 '일기 쓰기 또한 성공한 사람들의 공통점이구나!'라는 생각이 들더군요.

육군사관학교에 입교하면 관물을 지급 받게 되는데, 그중에는 일기장도 있답니다. 일기장을 지급해 줄 뿐만 아니라 간부생도나 소령급 훈육관이 가끔 검사도 하는데 매일매일 쓰지 않으면 벌점을 받지요.

생도 시절 일기에 얽힌 재미나는 이야기가 꽤 많은데 그중 한 가지만 이야기하겠습니다. 어느 날, 일기 검열이 예고됐던 날이지요. 많은 생도들이 일기가 밀려 급하게 쓰고 있는데 한 생도, 일기가 너무 많이 밀려 이런 응급조치를 취했답니다.

처음에는 '전前과 동同'을 반복해서 휘갈겨 쓰다 가끔 '어제와 같음'

사람을 사랑하는 아이로 키우세요

을 넣었다더군요.

그래서 어떻게 됐냐고요? 벌점 받고 양심불량 가중처벌까지 받았답니다.

인仁	오늘 행한 효도 / 불효
의義	오늘 행한 정의 / 불의
예禮	오늘 행한 화해 / 다툼
지智	오늘 읽은 책
신信	오늘 내가 어긴 약속

위의 표는 일기 쓰기와 한때 힘든 전쟁을 치렀던 한 사람으로서 어떻게 하면 보다 쉽게 일기를 쓸 수 있을까? 하고 고민해서 고안한 비법입니다. 하루에 행한 일을 인仁, 의義, 예禮, 지智, 신信이라는 주제에 맞춰 적다 보면 일기 쓰기도 그렇게 어려운 일은 아니더군요.

위 표와 같이 일기 쓰는 법을 자녀에게 꼭 권해 보시기 바랍니다.

극기의 국수國手 이창호

지인 세종원 대표의 소개로 몇 해 전 국수전國手戰 최종국에서 승리한 이창호 국수와 첫 만남의 기회를 가졌었지요. 이창호 국수를 한마디로 표현하면 애어른이라고 할 수 있을 것 같네요. 갓 30대에 접어든 젊은이였지만 그의 범상치 않은 언행과 기세에서 일가一家를 이룬 대가大家의 풍모를 느낄 수 있었답니다.

저는 그 자리에서 그의 바둑을 '중용中庸의 바둑'이라고 부르고 싶다고 말했지요. 중용中庸의 용庸에는 많은 뜻이 있는데 저는 그중에서도 범상하다는 뜻, 즉 평범하다는 뜻을 취해 이창호 국수의 바둑을 그리 부르고 싶었던 것이었지요.

그는 결정적 순간에 어김없이, 유명한 해설가들의 예상을 무색케 하는 지극히 평범한 수를 들고 나오더군요. 그런데 그 수가 뜻밖의 아주 강력한 수가 되어 승기를 잡더군요. 평범한 것을 강하게 만들 줄 아는 그의 비범함에서 저는 중용中庸을 느꼈습니다.

"평소 바둑 공부는 어떻게 하나요? 대국 상대의 기보를 연구하나요?", "아니요." 그에게 이 대답을 들었을 땐 매우 의아했었지요.

그런데 훗날 논어를 다시 읽으며 저는 그의 말을 이해할 수 있었답니다.

이창호 국수는 바둑에 있어서 불세출의 일가一家를 이룬 영웅입니다. 그는 약관 20세에 이미 정상의 기사가 됐으니 24세에 대장군이 된 한신韓信이나 27세에 승상이 된 제갈량과 같은 반열에 서 있다고 해도 과언은 아닐 겁니다. 일가一家를 이룬 사람들은 대부분 극기克己의 달인입니다. 이창호 국수 또한 남과의 경쟁이 아닌 자신과의 싸움을 치열하게 해서 정상에 오른, 가치 있는 사람이 아닐까요.

• 위기십결圍棋十訣

1. 부득탐승不得貪勝 : 욕심이 많으면 이기지 못한다

2. 입계의완入界宜緩 : 적진 안으로는 마땅히 천천히 들어가라

3. 공피고아攻彼顧我 : 자신을 돌본 다음 상대를 공격하라

4. 기자쟁선棄子爭先 : 돌을 버리더라도 선수를 잡아라

5. 사소취대捨小取大 : 작은 것을 버리고 큰 것을 잡아라

6. 봉위수기逢危須棄 : 위기를 만난 돌은 모름지기 버려라

7. 신물경솔愼勿輕率 : 경솔하게 서두르지 말고 신중히 대처하라

8. 동수상응動須相應 : 행마는 모름지기 주변정세에 대처하라

9. 피강자보彼强自保 : 상대가 강하면 자신의 안전을 도모하라

10. 세고취화勢孤取和 : 세력이 외로워지면 화평을 취하라

자식농사 천하대본

● 기도오득棋道五得

1. 득호우得好友 : 바둑은 좋은 벗을 얻게 한다

2. 득인화得人和 : 바둑은 화목함을 얻게 한다

3. 득교훈得敎訓 : 바둑은 가르침을 얻게 한다

4. 득심오得心悟 : 바둑은 마음의 깨달음을 얻게 한다

5. 득천수得天壽 : 바둑은 천수를 누리게 한다

바둑 격언만 알아도 1급級이라는 말이 있지요? 바둑은 서恕를 역이용해야 하는 기예技藝입니다. 가급적 상대가 싫어하는 수를 둬야 이기는 싸움이지요. 자녀에게 바둑을 가르쳐 보면 어떨까요. 바둑을 두다 보면 저절로 극기를 깨우치게 된답니다.

지난해 이 국수가 무관無冠의 제왕이 되었더군요. 22년 동안 한국 바둑을 제패해 왔으며 세계 바둑의 정상에 우뚝 섰던 그도, 언젠가는 정상에서 내려와야 하겠지만, 아직 채 마흔이 안 된 젊은 나이니 올해는 꼭 재기하길 바랍니다.

중국과 일본을 번번이 물리쳐 국위선양은 물론 국민의 마음을 시원·통쾌하게 해 주는 바둑! 국민으로부터 더 큰 사랑을 받아 마땅하지 않을까요? 그렇기에 국가는 가능한 많은 지원과 홍보를 아끼지 말아야 한다라고 봅니다.

사람을 사랑하는 아이로 키우세요

☞ [화和] 화평케 하는 사람으로 키우세요

학이.12 예지용 화위귀
禮之用 和爲貴

예禮란 무엇일까요? 한자漢字에서 볼 시示와 합쳐진 글자들은 대부분 신神과 연관이 있습니다. 왜냐면 시示는 신에게 제사 지내는 제단을 뜻하기 때문입니다.

보이지 않는 신을 표현한 신神자는 제단 시示와 번갯불의 모양 신申을 합친 글자입니다. 전기라고 할 때 전電도 비우雨와 번갯불 모양 신申을 합친 글자입니다. 번갯불을 신申으로 형상화해서 표현한 것은 아마도 밭田에 떨어지는 번개의 모습을 자주 볼 수 있어 그런 것 아닐까요?

예禮란 제단示과 풍성할 풍豊의 합이니 예는 제사의 형식과 절차에서부터 기인한 듯합니다. 고대 중국에서는 하늘과 땅에 제사를 드렸지요. 예는 하늘과 사람과의 관계로부터 시작해서 사람과 귀신의 관계, 사람과 사람의 관계로 확대되면서 절차화 되는데 이를 가리켜 예절禮節이라고 합니다.

논어에 따르면 예禮의 목적은 구별을 통한 조화에 있습니다. 구별은 차별과 다릅니다. 차별은 둘 이상의 대상을 각각 등급이나 수준

따위의 차이를 두어서 나누고 그에 맞게 대함을 말하지요. 반면 구별이란 성질이나 종류에 따라 갈라놓음을 말합니다.

유가儒家의 오륜은 군신유의君臣有義, 부부유별夫婦有別, 부자유친父子有親, 장유유서長幼有序, 붕우유신朋友有信으로 인생에 있어 대인관계對人關係를 다섯 가지로 구별한 후 상대에게 지켜야 할 각각의 예로 의義·별別·친親·서序·신信을 택하여 규정한 것이지요. 특히 이 중에서 부자간의 예를 친親으로 삼은 것을 유념하시기 바랍니다.

오륜의 교훈을 바탕 삼되 특히 부모로서 자녀와의 관계가 멀어지는 것을 경계하고 피하면 좋을 듯합니다.

사람을 사랑하는 아이로 키우세요

쉬어 가기

"사돈집과 뒷간은 멀수록 좋다."

사돈查頓 관계란 조심스럽고 불편한 관계지요? 서로가 좋아서 맺은 관계가 아니라 자식이 혼인함으로써 생긴 관계라, 행동을 조심하지 않으면 흉이 잡혀 자식의 혼인 생활에 부정적인 영향을 미칠까 걱정하시는 분들이 많은 것 같습니다.

"거북하기는 사돈네 안방이다."라든가, "사돈 모시듯 한다."는 속담 모두가 사돈 관계가 얼마나 불편하고 어려운 관계인지, 또한 얼마나 조심을 요하는 관계인지를 잘 말해 주고 있습니다.

"딸네 사돈은 꽃방석에 앉히고, 며느리 사돈은 가시방석에 앉힌다."는 말도 있지요.

이러한 말이 나오게 된 연유는 여자 쪽보다는, 특히 남자 쪽을 더 중시하는 오래된 우리의 부계친족제도父系親族制度 때문이겠지요.

출가한 딸이 새로운 구성원으로 참여하는 시집의 어른인 '딸네 사돈'에게는 온갖 정성을 다하여 극진히 대우하고, 내 집에 들어온 며느리의 부모인 '며느리 사돈'에게는 고자세高姿勢를 취해도 괜찮다는 의식이 기저에 깔려 있는 말이지요.

한편, "사돈네 음식은 저울로 단다."라는 속담도 있습니다. 사돈으로부터 선물을 받으면 적어도 받은 만큼 돌려주어야 한다는 불편한 속내를 드러내는 말이지요.

속담을 통해 생각해 보면 현재 우리나라에서 사돈지간은 쌍방 간의 관계가 너무 가까워도, 또 너무 멀어도 안 되는 것 같습니다.

그러나 사돈이란 말의 유래를 보면 우리 현실의 사돈 관계가 얼마나 잘못되어 있는지 알 수 있습니다.

고려 예종 때 여진을 함께 정벌한 도원수 윤관과 부원수 오연총은 아들딸의 혼인으로 인연을 맺고 이웃하여 살았다.

어느 봄날 술이 잘 빚어진 것을 본 윤관은 오연총이 생각나 하인에게 술동이를 지게 해서 오연총의 집으로 향했다.

윤관이 개울가에 이르렀으나 봄비 때문에 개울물이 불어 건너지 못하고 망설이고 있는데 건너편에 오연총의 모습이 보였다. 역시 오연총도 술동이를 갖고 윤관의 집으로 향하던 길이었다.

두 사람은 개울을 사이에 두고 등걸나무를 구해 걸터앉았다. 먼저 윤관이 술잔을 채운 뒤 개울 건너 오연총에게 잔을 권하는 시늉을 했다. 이에 오연총도 머리를 숙여 술잔을 받는 예를 표시한 뒤 스스로 채운 잔을 비웠다.

이렇게 둘은 등걸나무에 걸터앉아 서로 머리를 숙이며 술잔을 주고받는 시늉을 하며 술을 즐겼다.

이때부터 자식 사이의 혼인을 제안할 때는 "우리 사돈 해볼까?"라고 말하게 됐다고 전해진다. 사돈이란 단어는 등걸나무 사査와 조아릴 돈頓으로 이루어져 있다.

　이 고사古事에 따르면 사돈 하자는 말은 그 누구보다도 돈독한 관계를 맺어 보자는 제안임을 알 수 있습니다. 그런데 오늘날 우리네 현실은 그렇지 못하니 매우 안타깝습니다.

　사돈과의 관계가 가까우면 시집간 딸도 행복하고 장가간 아들도 행복하고 사위도 며느리도 모두 행복할 텐데 말이지요.

　그러는 저는 어떠냐고요? 저는 사돈과 일주일에 한 번 꼴로 만나지요. 함께 등산도 자주 가고요. 2박 3일 부부 동반 여행도 몇 차례 다녀왔답니다. 한 달에 한 번씩은 제가 모시고 이발도 해 드리고요. 이발을 하는 날은 오장동에서 냉면을 먹고 광장 시장에 들러 빈대떡을 사오는 날이랍니다.

　저희는 사돈 맺은 지 올해로 5년째입니다.

☞ [격格] 격조 있게 키우세요

위정.3 제지이례 유치차격
齊之以禮 有恥且格

예禮로써 가지런히 하면 부끄러움을 알고 또 격조 있게 된다! 나 아닌 남을 배려할 줄 아는 동물은 지구상에 거의 없습니다. 인간의 위대함은 혈연을 넘어서는 배려에 있지 않을까요?

모두가 자유롭고 안전하고 또 풍족히 누리기엔 부족한 것이 지구의 세상 환경이지만, 오히려 그 불편하고 위태롭고 부족한 가운데 남을 위해 불편을 견디고 양보도 하며, 절제도 하고 희생도 함으로써 인간은 보다 더 가치 있고 격조 있게 만들어져 가는 것 아닐까요?

보다 많은 사람의 편리를 위한 개인의 작은 불편이요

보다 많은 사람의 안전을 위한 개인의 작은 양보이며

보다 많은 사람의 격조를 위한 개인의 작은 절제이며

보다 많은 사람의 행복을 위한 개인의 작은 희생이다

위 문장은 논어에 나오는 예禮에 대한 저의 생각을 정리한 것입니다. 윗글을 통해 우리는 예라는 것이 시대를 불문하고 반드시 있어야 한다는 사실을 알 수 있습니다. 왜냐하면 예는 인간이 서로를 존중하고 화평한 관계를 이루면서 아름답게 살아가는 데 있어서 매우 유익하기 때문입니다. 편리, 안전, 격조, 행복 등은 인간이 살아가는 사회에서 없어서는 안 될 소중한 것들이니까요.

요즘 언론에 가끔 등장하는 단어가 '국격國格'이란 단어지요. 이 단어는 국가의 품격, 국가의 격조를 말하는데, 한 국가가 격조 있으려면 우선 그 나라의 국민들이 격조 있어야 합니다. 격조는 경제 이전에 덕과 예의 문제입니다. 국민의 격조, 국가의 품격을 위해서는 덕으로써 이끌고 예로써 가지런히 하는 격조 있는 지도자들이 많이 나와야 합니다.

☞ [예禮] 예로 일으켜 세우세요

요왈3 부지례 무이립야
不知禮 無以立也

예로 바로 선다는 것은 그 눈이 하늘에 있고 그 발이 땅에 있으며 그 마음이 이웃에 있는 즉, 최적의 안정된 상태로 서는 것을 의미 하지요. 그렇게 서고 나면 결코 무너짐이 없는, 설령 잠시 넘어진다 해도 곧 일어설 수 있게 됩니다.

공자께서는 아주 강하게 강조하셨습니다.

"예를 알지 못하면 설 수 없다."

시대가 복잡해질수록 예의 필요는 더 절실해지고 시대가 문란해질수록 예의 가치는 더 높아지지요.

주변에 무례한 이웃이 많은 사람은 결코 행복할 수 없습니다. 하물며 본인이 무례하다면 어떻겠습니까?

예는 하늘과 땅과 사람이 하나로 조화를 이루기 위한 것입니다. 중국인들은 그것을 왕王이라는 글자로 형상화했답니다. 만약 자식을 장차 무례한 사람으로 키운다면 그 무례한 자식을 향해 하늘이 진노하고 땅이 진동하고 사람이 분노하겠지요.

이는 마치 자식으로 하여금 번개 치는 들판에 우산을 들고 서 있게 하는 것이요, 지진 나고 쓰나미 밀려 오는 후쿠시마 해변에서 해수욕 시키는 것이요, 미국 할렘에서 두 손에 금괴 들고 서 있게 하는 것입니다. 제 표현이 너무 강했나요?

자궁子宮! 사람은 모두 궁에서 태어납니다. 왕이 되기 위해서 말이죠! 예로 서게 함은 궁에서 출생한 자녀를 왕王으로 옳게 높이는 것입니다.

배우자를 존중하세요

제 아버님은 손자를 아주 귀여워하셨습니다. 외출하실 때마다 어린 손자를 자주 데리고 나가시곤 하셨지요. 그 덕에 제 아들은 식성이 무척 좋은 아이로 성장했답니다. 김치를 안 먹는다든지 밥을 잘 안 먹어서 걱정해 본 적이 한 번도 없었으니까요. 오죽하면 주변 어른들께서 늙은이 식성이라고까지 말씀하셨을까요.

제 아들은 유년기부터 산낙지를 좋아하고 젓갈도 제법 잘 먹었답니다. 어린아이치고는 엽기적 식성이라고요? 이게 다 아버님께서 가르치신 덕분입니다.

아이를 예의 바르게 키우려면 부모님을 모시고 사는 것이 좋습니다. 아내와 저는 홀로되신 아버님을 결혼 초기부터 줄곧 모시고 살았습니다. 그 덕에 아들이 예의 바른 사람으로 자랄 수 있었던 것 같습니다.

부부가 서로 존대를 하는 것도 아이를 예의 바르게 키우는 데 좋은 방법입니다. 첫 아이를 낳자마자 아이 교육을 위해 제가 제안한 것인데, 저희 부부는 7년 교제 끝에 결혼한 사이인지라 아내가 매우 어색해 하더군요. 그래서 저는 조선시대 양반 집안에서는 부부끼리 서로 반말을 하지 않았노라고, 역사극을 주의 깊게 보라며 설득했지요.

이렇게 존대를 시작한 지 벌써 30여 년이 지났습니다. 지금도 아내가 제게 존대하기보다는 제가 아내에게 더 많이 존대하는 편이지요.

요즘은 아내와 등산을 자주 가는데 서로 존대하다 보면 가끔 오해를 받기도 합니다. 불륜관계로 말이지요!

어찌 됐든 아들은 장인 장모님이나 어른들께 "그놈 참 말꼬리 예쁘네."라는 칭찬을 듣곤 했답니다.

부모가 서로 존중하는 모습을 보고 자란 아이치고 예의 바르지 않은 아이는 드물 겁니다. 부부가 공대恭待하는 것이 처음엔 다소 어색하지만 조금 지나면 적응이 된답니다.

말 따라 마음도 간다고 부부 사이가 더 가까워지는 덤도 있습니다. 그러니 자식에게 존경을 받고 싶으시면 배우자부터 존중하셔야 합니다.

사람을 사랑하는 아이로 키우세요

마음 심心의 가르침

한자는 사실 재미있는 문자文字입니다. 비록 배우기는 어렵지만 말이죠. 특히 마음 심心을 밑에 두고 만들어지는 한자들은 재미를 넘어 의미심장하고 또 오묘합니다. 함께 보실까요?

원怨 : 먼저 마음 심心 위에 뒹굴 원夗자를 놓아 보지요. 원망할 원怨 자가 됩니다. 직장에서 해직되고 방안에서 뒹굴어 보세요. 세상을 원망하게 되지요?

환患 : 마음 심心 위에 가운데 중中자 두 개를 놓아 볼까요? 근심 환患이지요. 두 여자를 마음에 두면 걱정이 많아져요. 휴대폰 잠금 설정하면 의심스럽지요.

노怒 : 마음 심心 위에 노예 노奴 자를 올려 볼까요? 노할 노怒이지요? 내가 내 감정을 다스려야 하는데 거꾸로 내가 감정의 노예가 되는 걸 뜻하지요.

서恕 : 마음 심 위에 너 여如 자를 올려 볼까요? 용서할 서恕이지요. 논어에서는 이 서恕를 아주 중요시합니다. 효경을 편찬한 증자라는 제자는 공자님의 도道는 서恕 하나로 꿰뚫을 수 있다고 보았지요.

유가儒家에서 서恕란 '내가 하기 싫은 것은 남에게 베풀지 마라.'는 가르침을 담고 있답니다. 이는 모든 인간관계의 요체가 되는 가르침입니다.

식息 : 끝으로 마음 심心 위에 스스로 자自를 올려 보지요. 망할 식息이지요? 사람이 너무 자신만을 위해 이기적으로 살면 결국 망한다는 철학을 담고 있는 글자가 아닌가 싶네요.

사람을 사랑하는 아이로 키우세요

넷, [지智] 경청하는 아이로 키우세요

아我 : 자기를 아는 사람으로 키우세요

래來 : 미래를 보는 사람으로 키우세요

손遜 : 겸손한 사람으로 키우세요

경청은 제2의 독서입니다. 경청의 달인으로 두 인물을 들 수 있는데, 한 사람은 칭기즈칸이고 또 한 사람은 누굴까요?

정답은 당唐태종 이세민입니다. 경청을 잘하는 아이로 키우려면 자녀에게 이 두 분을 본받게 하는 게 좋겠지요.

나는 남의 말에 귀기울이면서 현명해지는 법을 배웠다

위는 앞서 칭기즈칸의 어록에 소개된 내용이지요.

이처럼 경청은 남의 지혜를 내 것으로 만드는 제2의 독서라고 할 수 있습니다. 문맹도 얼마든지 할 수 있는 독서이지요.

칭기즈칸이 경청을 통해 남의 지혜를 자기 것으로 만들어 세계를 정복했다면, 경청으로 자신을 바르게 세운 사람은 당태종입니다.

쓴소리 잘하는 위징이 병을 핑계로 사직을 요청하자 태종은 "황금이 광석일 때 거기서 어떻게 귀함을 볼 수가 있겠는가. 유능한 장인이 단련하고 가공해야만 보석이 되지 않는가. 나는 단련이 되지 않은 광석이며 그대는 유능한 장인인데 어찌 떠나려고 하는가." 하고 만류한 후 위징이 죽을 때까지 자신의 곁에 두었다고 합니다.

사람들은 들어 주는 걸 좋아합니다. 그래서일까요? 경청하면 현명한 사람들이 주변에 몰려옵니다.

당태종은 고전 독서를 통해 역사의식을 갖고, 주위에 현자들을 두어 항상 경청을 하였다고 합니다. 그것을 바탕으로 태평성대를 이뤄낼 수 있었던 것이지요. 사람들은 그의 치세 기간을 '정관의 치'라 일컬으며 중국 역사상 최고의 명군으로 추앙하고 있습니다.

경청한 지도자 중에 역사 앞에 부끄러운 지도자는 없다!

당태종은 훌륭한 여인을 아내로 맞은 행운아이기도 합니다. 태종의 아내 장손왕후의 덕과 현숙함이 잘 드러난 일화를 하나 소개하지요.

어느 날 조정 회의에서 위징의 간언을 이기지 못하고 잔뜩 흥분해서 처소에 들른 당태종 왈 "또 그 시골뜨기 놈 때문이오! 늘 짐을 괴롭힐 궁리만 하고 있으니 내 조만간 그놈을 처치해 버리고 말 것이오." 이에 조복을 갈아입고 온 왕후가 큰절을 올리며 왈 "소첩이 역사책에서 본 바에 의하면 임금이 밝으면 신하가 곧다고 하였습니다. 이처럼 위징이 곧은 것을 보니 폐하의 밝음이 드러나는지라 경하 올리옵나이다."

쓴소리를 듣는 것은 동서고금을 막론하고 누구에게나 참 어려운 일이지요.

큰 그릇 당태종도 가끔은 한계에 이르곤 했더군요. 간의대부諫議大夫는 말 그대로 왕에게 쓴소리를 할 수 있는, 법으로 보장된 직분입니다.

위징은 오랫동안 이 직분에 있었다고 합니다. 위징의 쓴소리는 당태종의 자존심을 추호도 고려하지 않고 늘 곧았지요. 그의 심중에는 오직 당태종이 바른길을 가야 한다는 신념밖에 없었던 듯합니다. 이 강직한 신하를 뒤에서 도운 현명한 여인이 장손왕후였지요. 그녀는 서른일곱, 한창의 나이에 죽으며 유언을 남겼습니다. 이 유언이야말로 청사에 빛나는 유언이 아닐까요?

장손 씨 집안 사람들은 자질 덕이 아니라 저의 덕으로 높은 지위와 많은 녹을 누리니 망하는 것 또한 쉬울 것입니다. 장손 씨 집안을 지키시려면 그들에게 높은 지위를 내리지 마십시오.

생전에 저는 어느 누구에게도 도움을 주지 못했으니 저의 죽음으로 다른 사람을 해치지 마십시오. 무덤에 봉분을 쌓아 노동력과 자원을 낭비하지 마십시오.

　군자들을 가까이 하시고 소인들을 멀리 하십시오. 충언에 귀를 기울이시고 아첨을 멀리 하십시오. 부역을 줄이시고 사냥을 하지 마십시오.

　만약 나라가 잘 다스려진다면 죽어도 저는 여한이 없습니다.

— 장손왕후의 유언

쓴소리하는 친구를 귀하게 여기는 자녀로 키우세요

사람을 사랑하는 아이로 키우세요

그릇 키우기

지식을 쌓으면 그릇이 커질까요?

나이를 좀 먹으면 그릇이 커질까요?

돈이 더 많아지면 그릇이 커질까요?

신앙생활을 열심히 하면 커질까요?

왜 그릇은 잘 커지지 않을까요?

그릇을 키우는 방법 없을까요?

책을 읽으세요!

큰 그릇을 만나세요!

남에게 희생 좀 해보세요!

이기심을 버리세요!

용서를 해 보세요!

사랑해 보세요!

일기를 쓰세요!

☞ [아我] 자기를 아는 사람으로 키우세요

'나 자신을 아는 사람' 하면 누가 제일 먼저 떠오르시나요?

소크라테스지요?

소크라테스는 공자께서 서거하신 후 10년 만인 BC 469년에 서양 그리스에서 태어나신 분입니다. 잘 아시다시피 이분은 '너 자신을 알라.'는 한마디 말로 널리 알려진 철학자이십니다.

이 평범한 것 같은 한마디 말이 왜 소크라테스의 명언이 되었을까요? 이 말의 의미는 '세상 사람들 모두가 자기를 제법 아는 게 많은 사람으로 착각하고 있지만, 자신만은 자신이 아무것도 모른다는 사실을 알고 있다. 이 점이 자기가 남들보다 좀 나은 점이다.'라는 의미에서 쓴 말입니다.

소크라테스는 당시 그리스의 철학 즉, 진리를 탐구하는 철학의 대상을 우주나 자연이 아닌 인간으로 옮기는 데 가장 큰 공헌을 한 사람입니다. 그렇기에 '너 자신을 알라.'가 트레이드 마크처럼 되어 버린 것이지요.

그는 영혼에 대해 깊게 생각하면서 지식의 목적이 '삶의 온당한 방법을 아는 것'이라고 생각했습니다. 또한, 도덕적 행위를 고양시키는 것을 지향하였답니다.

결국 그는 이러한 사상 활동이 아테네 법에 위배된다는 이유로 억울하게 사형을 당했습니다.

사람을 사랑하는 아이로 키우세요

비록 그는 누명을 쓰고 죽었지만 그의 학문은 죽지 않고 발전하게 되었습니다. 그의 제자 플라톤, 또 플라톤의 제자 아리스토텔레스로 학통이 계속 이어져 서양철학의 큰 줄기가 되지요.

자신을 안다는 것은 결코 쉬운 일이 아닙니다. 아니, 매우 어려운 일입니다. 자신을 아는 지혜는 매우 중요하기 때문에 역사상 많은 철학자들이 이 분야에 헌신을 해 왔습니다.

자신을 아는 것만큼, 부모로서 자녀를 안다는 것 또한 매우 중요한 일입니다. 자녀에게 스스로를 알게 교육시키는 일도 그렇고요.

스스로를 성찰하는 아이로 키우려면 어떻게 해야 할까요. 저는 일기와 책과 친구가 큰 도움이 된다고 생각합니다.

자녀들을 유리 거울을 통해 성형을 고민하는 아이로 키우기보다는, 마음의 거울을 통해 항상 자신을 알고 또 고칠 수 있는 아이로 키워야겠지요.

☞ [래來] 미래를 내다보는 사람으로 키우세요

인류에게 미래는 항상 베일에 가려진 희망이자 두려움이었습니다. 미래는 희미한 것이기에 내다보기가 어렵지요.

야누스는 얼굴이 둘인데, 하나는 미래를 하나는 과거를 향하고 있다고 합니다.

미래를 예측하고 싶다면 잠시 눈을 과거로 돌리는 것이 좋습니다. 많은 미래가 과거를 바탕으로 다가오며, 과거의 연장선에 있기 때문이지요. 물론 과거와 전혀 상관없이 찾아오는 미래도 가끔은 존재하더군요. 우리는 그저 인간이기에 그런 것까지 알려고 하면 정신만 혼미해집니다.

불확실한 미래를 너무 걱정하는 것은 쓸데없는 고민입니다. 심리학자들의 조사에 의하면 사람이 고민하는 것의 60%는 괜한 고민이라고 합니다. 이런 말도 있더군요. "사람이 상상하는 것의 90% 이상이 실제로 일어나지 않는다."

삼성의 한신韓信 윤종용 님은 "미래는 창조하는 것이다."라고 하셨습니다. 국가나 기업 입장에서는 미래를 아는 것이 발전과 도약을 위해 매우 중요하기 마련입니다. 자연히 미래에 대한 고민이나 상상을 할 수밖에 없는 거지요.

미래를 내다보기 위해서는 무엇보다 호기심이 충만해야 합니다. 호기심은 곧 관심이 됩니다. 호기심으로 인해 갈릴레이가 망원경을 발명했고 인도에 대한 관심이 콜럼버스에게 신대륙을 발견하게 한 것처럼요.

장차 우리 아이들이 지도자로 크길 원하신다면 미래에 대한 관심을 높여 주세요. 미래를 멀리 내다보는 것은 지도자 즉, 리더에게 있어 핵심 임무니까요.

사람을 사랑하는 아이로 키우세요

앞에서 이미 말씀드렸듯 미래를 알기 위해서는 과거를 먼저 아는 것이 좋습니다. 그렇다면 과거는 무엇을 통해 아는 것이 좋을까요?

저는 그에 대한 답으로 고전을 내세우고 싶습니다. 고전 읽기는 과거를 들여다보는 아주 좋은 방법입니다.

안중근 의사는 여순 감옥에 약 5개월 동안 수감되어 있었습니다. 그분께서는 죽음 앞에서 태연히 붓을 들고 많은 휘호를 하셨지요. 주로 논어의 말씀을 쓰셨더군요. 그중 미래에 관해 적은 위령공편 11장을 소개합니다.

인무원려 필유근우
人無遠慮 必有近憂

위 말은 '사람이 멀리를 염려하지 않으면 반드시 근심이 가까이 온다.'는 뜻입니다. 저는 안중근 의사께서 우리 민족을 각성시키고자 이런 글을 남기셨다고 생각합니다.

과연 어떤 것을 걱정하고 준비하라고 이렇게 쓰신 것일까요?

제 생각에는 이 나라의 안위인 것 같습니다. 조선 말기를 지냈던 위정자들은 국가의 안위를 멀리 내다보지 못했습니다. 그 결과 나라를 빼앗기고 말았지요.

약탈한 자들을 탓하기 전에 멀리 내다보고 방비하지 못한 우리의 무려無慮를 탓해야 한다고 봅니다.

아래는 여순 감옥에 갇혀 있는 아들에게 조마리아 여사께서 마지막으로 쓰신 편지의 내용입니다.

네가 만약 늙은 어미보다 먼저 죽은 것을 불효라 생각한다면 이 어미는 웃음거리가 될 것이다. 네가 항소를 한다면 그것은 일제에 목숨을 구걸하는 짓이다. 네가 나라를 위해 이에 이른 즉 딴맘 먹지 말고 죽으라!

참으로 굳센 기상에 눈시울이 붉어지고 절로 고개가 숙여집니다. 그 아들에 그 어머니라는 생각이 드는 글입니다.

사람을 사랑하는 아이로 키우세요

쉬어 가기 ☞ 아들과 전설의 286컴퓨터

대망의 88올림픽이 온 국민의 성원에 힘입어 성공적으로 끝이 난 다음 해인 1989년은 제가 아들에게 당시 돈으로 100만 원 정도하는 컴퓨터를 큰맘 먹고 구입해 준 해입니다. 그때 제 아들은 초등학교 3학년이었습니다.

이제는 전설이 된, 당시 최신형 16비트 286 초기 버전의 컴퓨터였습니다. 286이란 인텔 80286 CPU가 탑재된 컴퓨터를 말하지요.

'요즘 아이들의 미래는 컴퓨터 시대가 될 거야!' 하던 제 친구의 말은 곧 현실이 되었습니다. 아들은 컴퓨터를 활용하여 MS 도스 컴퓨터 운영체제와 파일의 실행법, 프로그래밍 언어, 로터스 수치계산 프로그램 등을 익혔습니다.

당시는 웬만한 성인이나 대학생에게도 컴퓨터가 없었던 시절이었답니다. 요즘같이 인터넷 체계가 잡혀있지 않아서 컴퓨터의 기능이 매우 제한적이었지요. 그런데 아들은 지금과는 비교할 수 없이 낮은 수준의 컴퓨터와 금방 친해지더군요. 어른인 우리에게는 오래도록 낯설게만 느껴졌던 그 컴퓨터가 아들의 대학 진로에는 큰 영향을 끼쳤습니다. 숙고 끝에 전기전자공학부를 선택했으니까요.

아들이 컴퓨터와 친해질 수 있게 해 준 친구가 고맙고 또 그립군요. 제 친구는 오래 전에 고인이 되었답니다.

☞ [損遜] : 겸손한 사람으로 키우세요

인생은 지혜를 찾아 미지의 산을 허무는 것에 비유할 수 있다는 생각을 해 봅니다. 어떤 사람은 참 많이 팠구나 싶은데 여전히 지혜를 찾지 못하는가 하면 어떤 사람은 정말 운이 좋아 얼마 파지도 않고 지혜를 찾아서 누리기도 합니다. 그런가 하면 정말 불운한 사람은 평생 남의 말을 안 듣고 엉뚱한 곳만 열심히 파다가 저 세상으로 가지요.

지혜를 얻는 데 가장 필요한 것은 무엇일까요. 좋은 스승? 좋은 학교? 좋은 책? 이런 것은 모두 내 밖에 있는 것들이지요.

그렇다면 지혜를 얻는 데 가장 필요한 것을 내 안에서 찾는다면 어떤 것일까요? 저는 주저 없이 겸손謙遜이라고 말하고 싶습니다. 이는 제가 논어를 읽지 않고 배우지 않았다면 말할 수 없는 답입니다.

삼성 이병철 창업자께서 이건희 회장에게 휘호한 액자의 문구가 '경청'이라는 것은 이미 널리 알려진 사실입니다.

경청은 지도자에게 있어 아주 중요한 덕목입니다. 그렇다면 어떻게 남의 말을 경청하는 자녀로 키울 수 있을까요? 말을 아끼고, 남의 말을 끊지 않고, 남을 업신여기지 않고 겸손해야 하겠지요.

만일 주공과 같은 재주와 좋은 점을 가지고도, 교만驕慢하고 또 인색吝嗇하다면 그 나머지는 볼 필요도 없다. ― 논어 태백 11장

아무리 재주가 좋고 아는 것이 많아도 겸손하지 않다면 볼 필요도 없다는 뜻이지요. 왜 이런 말을 하셨을까요. 겸손이 뭐 그리 중요한 것이어서 그랬을까요. 옛날 로마 시대에는 겸손은 비겁한 자의 것이라고 가르쳤다는데 말이지요.

사람이 겸손하지 않고 교만하면 남의 말을 잘 듣지 않습니다. 경청의 가장 큰 장애물이 바로 교만이지요. 공자께서는 겸손을 강조하고 또 강조하셨습니다.

효경孝經에서는 겸손이 부귀를 오래 누릴 수 있는 방법이라고 말씀하시기도 했답니다. 교만이 주위의 미움과 질시를 부르기에 그렇게 말씀하신 것이지요.

그러니 부디 자녀들을 귀가 큰 사람으로 키우세요.

• 겸손하지 않으면 손해 보는 세 가지

첫째, 좋은 사람이 곁에 오지 않습니다.

둘째, 성공하기 매우 어렵습니다.

셋째, 성공하더라도 오래 누릴 수 없습니다.

• 위대한 기업을 일군 리더는 매우 겸손했다. ― 짐 콜린스

짐 콜린스는 밀리언셀러 작가로,『좋은 기업을 넘어 위대한 기업으로Good to Great』의 저자입니다. 이분과 함께 만찬을 하려면 6만 달러를 들여야 한다지요.

길게 소개하는 것보다 고故 스티브 잡스 역시 그의 팬이었다고 소개하는 게 더 나을 것 같네요. 그가 성공을 넘어선 위대한 기업을 연구해 봤더니, 위대한 기업 CEO들의 공통된 성향이 바로 겸손이었다고 합니다.

한편, 일본의 성공한 기업 리더들의 공통점을 연구한 어떤 결과를 보면 그들의 공통점은 실패였다고 합니다. 세상에는 겸손을 타고나는 사람도 있지만, 배워서 익히는 사람도 있고 실패로 배우는 사람도 꽤 있나 봅니다.

재상불교 고이불위
在上不驕 高而不危

위는 효경에 나오는 공자의 가르침입니다. 윗자리에 있으면서 교만하지 않으면 그 높은 자리가 위태롭지 않다는 뜻입니다.

역시 공자의 가르침은 시대를 넘나드는 불변의 가르침인 것 같습니다.

다섯, [신信] 믿음직한 아이로 키우세요

개改 : 허물을 바로 고치는 사람으로 키우세요

망望 : 어려울 때 믿음 가는 사람으로 키우세요

행行 : 말보다 행동이 앞선 사람으로 키우세요

유능한 사람이고 똑똑한 사람이고 다 필요 없어요. 내 등에 칼 꽂지 않을 사람이
필요해요.

— 헤드헌팅 회사에 구인을 의뢰한 어느 사장님의 말

'믿음이 없으면 그 쓸 바를 알 수 없다.'는 논어의 말씀은 아이를
믿음직한 사람으로 키우는 것이 중요하다는 것을 깨우쳐 줍니다.

다음은 제나라 환공桓公을 춘추시대의 첫 패자로 세운, 우리에게
관포지교로 잘 알려진 관중管仲의 충언입니다.

지용임신

知用任信

알면 쓰고 맡기면 믿는다

"먼저 현자賢者를 몰라보는 것이 문제입니다. 현자를 알았다고 해도 그를 등용하지 않으면 아무 소용이 없습니다. 현자를 등용하더라도 임무를 주지 않으면 등용하지 않은 것과 마찬가지입니다. 등용하여 임무를 주었을지라도 그를 믿지 않으면 결코 패업霸業을 이룰 수 없습니다."

삼성의 '의심나면 쓰지 말고 썼으면 의심 마라擬人不用 用人勿擬.'는 용인用人의 철학은 관중의 지용임신知用任信과 대동소이한 말이지요.

☞ [개改] 허물을 바로 고치는 사람으로 키우세요

자한 24. 과즉물탄개

過則勿憚改

잘못을 저지르지 않으면 신망을 받을 수 있겠지만 사람이라면 그럴 수 없는 게 문제입니다. 누구나 잘못을 저지르며 살아가기 마련이지요. 잘못을 저지르지 않고 살 수 있는 사람은 아무도 없습니다.

윗글은 잘못을 빠르게 고치는 것이 믿음을 주는 차선의 길임을 시사示唆한 공자님의 가르침이라고 할 수 있습니다.

허물을 방비하고 고치려고 애쓴 인물에는 누가 있을까요. 많은 사람이 생각나지만 그중 대표적인 인물은 역시 당태종이지요.

무릇 구리를 거울로 삼으면 의관을 바르게 할 수 있고, 옛날을 거울로 삼으면 흥망을 알 수 있으며, 사람을 거울로 삼으면 득실을 명확히 알 수 있다. 나는 항상 이 세 가지 거울로 나 자신의 과오를 방비해 왔다. 하지만 위징이 죽은 지금, 나는 그 거울 셋 중 하나를 잃고 말았다.

— 위징이 죽은 후 당태종이 남긴 말

어리다고 자녀의 허물을 눈감아 주기 시작하면 허물이 버릇되기 십상입니다. 사람이 자기 허물을 스스로 알기는 매우 어렵습니다. 우리의 오관五官으로는 몸 밖에 있는 것을 감지할 수 있을 뿐, 내면까지는 감지할 수 없기 때문입니다.

우리는 눈으로 거울 없이 몸 뒤를 볼 수 없고 귀로 심장 소리를 들을 수 없으며 코로 몸 안의 냄새를 맡을 수 없지요.

그러니 자신의 성품이나 행실의 옳고 그름은 내가 아닌 남이 살피게 하거나 다른 수단을 강구해야만 합니다. 위인전, 고전, 경전, 역사서 등이 그 수단이 되겠지요.

아이에게 '잘못을 저질러 꾸중을 듣는 것보다 잘못을 고치지 않는 게 더 부끄러운 것'이라고 가르치는 것이 좋겠지요?

자식농사 천하대본

누에의 교훈

비단 직조가 언제부터 시작되었는지는 확실하지 않으나, 중국의 주나라 무왕은 왕실에서 짠 비단을 어의御衣로 사용하였으며, 개선 장군에게 금포錦袍를 하사했다고 하네요. 한대漢代에는 양읍이 주 산지가 되어 이때부터 한금漢錦이 실크로드를 따라 서역西域에 본 격적으로 전해지기 시작하였는데, 비단은 금金값에 맞먹는다고 해서 글자도 금錦으로 쓰게 되었다고 하지요.

누에가 만약 허물을 벗지 않는다면 어떻게 될까요. 성장할 수 있을 까요?

사람도 마찬가지입니다. 허물을 벗지 않으면, 자신을 고치지 않으 면 성장하지 못하지요. 그래서 정신연령이라는 말도 있는 것이고요.

개과천선改過遷善이란 말이 있지요. 허물을 고쳐서 선으로 옮긴다 는 뜻입니다. 흔히 이 말을 희대의 악인이었던 사람에게 쓰는 말로 오 해하기도 하는데, 곰곰이 생각해 보면 저 같은 평범한 사람도 매일 잘 못을 저지르며 살아갑니다. 그래서 개과천선이 필요하지요.

잘못을 뉘우치는 것을 회개悔改라고 하는데, 마음을 나타내는 심 방 변↑과 늘 매每 자를 합친 글자입니다. 따라서 뉘우칠 회悔자는 '잘못을 뉘우치는 일은 매일매일 하는 것이 좋다.'는 의미를 담고 있는 것이지요. 저는 언제부터인지 확실하지는 않지만 아침에 차를 몰고 출근하면서 교통법규를 어기는 사람을 만날 때면 스스로 이런 독백을 하곤 합니다.

"그래, 나는 교통법규를 스스로 잘 지키는 멋진 남자야!"

운전 얘기를 하니 중국을 방문했던 기억과 싱가포르에 갔던 기억이 납니다.

저는 두 나라에서 정반대의 모습을 목격하고 왔습니다. 중국의 운전 문화는 한때 중국인을 얕잡아 부르던 떼놈이란 표현이 아주 적절하다는 생각이 들 정도로 무질서하지요. 어느 정도냐고요? 한 번 방문해 보시기 바랍니다. 특히 대도시일수록 공감하실 거예요. 차가 자전거 행렬과 함께 뒤섞일라치면 상상만 해도 아찔……

반면 싱가포르라는 나라는 전혀 다른 차원에서 우리를 놀라게 합니다. 4박 5일의 여행 기간 동안 신호를 지키지 않는 차를 볼 수가 없었으니까요. 경적 소리 역시 한 번 들은 것 같기도 하고 아닌 것 같기도 합니다. 딴 세상에 온 느낌을 받았지요. 참 부럽더군요.

우리나라는 어떨까요? 2000년대 까지만 해도 그렇지는 않았던 것 같은데 이젠 본격적으로 중국을 닮아가는 것 같아 안타깝습니다.

왜 중국의 나쁜 문화를 닮아 가나요. 싱가포르를 닮아 가도 모자란데 말입니다.

운전을 처음 배울 때 '운전은 인격이다!'라는 생각을 했습니다. '운전은 우아하게'가 저의 슬로건이지요. 저보다 천천히 그리고 조심스럽게 운전하는 분을 보면 저는 그분을 성직자라고 표현하며 이렇게 얘기합니다. "운전 참 거룩하게 하시네요!"

매번 그럴 수 없다면, 자녀를 태우고 운전할 때만큼이라도 좀 우아하게 하시기 바랍니다. 그렇지 않으면 자녀들이 부모를 얕잡아 보지요. 운전을 하다 보면 자신도 모르게 욕이 나오는 상황을 겪게 되는데, 아이 앞에서 욕을 한다면 아이가 부모를 어떻게 생각하겠습니까.

갑자기 재미있는 이야기가 생각나네요. 어떤 신부님께서는 이런 아이디어로 운전 중 욕설에 대처하셨다고 합니다.

1번. 개 같은 놈

2번. 상놈

3번. 무식한 놈

4번. 변태

이렇게 써서 운전석 앞에 붙여 놓으시곤, 무인지경으로 달리는 사람을 만나면 "에라이, 저 1번 같으신 분." 하다가 급할 땐 "야, 4번!" 하고 외치셨다고 합니다.

사람을 사랑하는 아이로 키우세요

☞ [망望] 어려울 때 믿음 가는 사람으로 키우세요

우리는 험난하거나 굴곡진 인생보다는 평탄하고 안정된 생을 좋아합니다. 만사가 형통한 인생을 원하지요.

그러나 신은 어느 누구에게도 그런 인생을 허용하지 않으신 것 같습니다. 신이 인생에 실패와 고통을 허용하신 것에는 그분의 보다 깊은 사려가 있다는 것을 아서야 합니다.

개인뿐 아니라 가정, 기업도, 국가도, 세계도 그렇습니다. 평탄과 험난을 반복하면서 시간을 뚫고 나아가고 있지요.

시련의 파도는 계속해서 우리 앞에 닥쳐오게 되어 있습니다. 한 파도가 지나 잠시 평안한 듯해도 얼마 지나면 다시 새로운 파도가 밀려오지요.

자한.27 세한연후 지송백지후조야

歲寒然後 知松柏之後彫也

날씨가 추워진 다음에야 소나무와 측백나무가 늦게 시드는 것을 안다

지난 92년은 제 인생에서 가장 큰 파도가 밀려왔던 시기였습니다. 저는 육군사관학교의 지난至難한 훈련 과정을 겪었기 때문에 제가 매우 강인한 사람이라고 알고 있었지요. 소위少尉 임관 후에도 당시 우리 군에서 알아주는 아주 열악한 산악지대에서 5년을 단련하고 나왔답니다.

그런데도 지금으로 환산하면 약 4억 원 정도? 이 돈을 잃고 나니 나도 모르게 죽음을 생각하게 되더군요.

인생의 어려운 시기는 보다 더 강해질 수 있는 기회일 수 있습니다. 나를 진짜 사랑하는 이웃이 누구인지를 알게 되는 덤도 있고요.

어려울 때 믿음이 가는 사람, 자녀가 그런 사람이 되도록 키워보세요. 나아가 내 가정, 내 기업, 내 나라가 어려울 때 그곳에서 결코 떠나지 않고 진정한 친구가 되어 줄 사람으로 키우십시오.

인생을 살다 보면 누구나 어려운 시련을 겪게 됩니다. 때문에 자식을 보다 강하게 키울 필요가 있습니다. 부모로서 강한 자식을 키우려면 억지로라도 고생을 시켜야 합니다.

저는 아들이 대학 2학년을 마칠 즈음에 짐을 싸게 해서 학교 앞 고시원 쪽방에서 1년 간 생활하게 했습니다. '젊어 고생은 사서도 한다.'란 속담을 실천하게 한 것이지요.

맥아더의 기도

주여, 내 아이가 이런 사람이 되게 하소서

약할 때 스스로를 분별할 수 있는 힘과

두려워질 때 자신감을 잃지 않는 대담성을 가지고

정직한 패배에 당당하고 부끄러워하지 아니하며,

승리의 때에 겸손하고 온유한 사람이 되게 하소서

노력 없이 대가를 바라지 않게 하시고

주님을 섬기며 아는 것이 지혜의 근본임을 깨닫게 하소서

바라옵건대, 그를 요행과 안락의 길로 인도하지 마옵시고,

자극받아 분발하게 고난과 도전의 길로 이끄소서

폭풍우 속에서도 용감히 싸울 줄 알고

패자를 불쌍히 여길 줄 알도록 하여 주소서

내 아이가 이런 사람이 되게 하소서

마음이 깨끗하고 높은 이상을 품은 사람,

남을 다스리기 전에 자신을 다스리는 사람,

미래를 향해 전진하면서도 과거를 결코 잊지 않는 사람이 되게 하소서

이에 더하여 유머를 알게 하시어
인생을 엄숙히 살아가면서도, 삶을 즐길 줄 아는 마음과
자기 자신을 너무 드러내지 않고 겸손한 마음을 갖게 하소서
또한 참으로 위대한 것은 소박함에 있음과
참된 힘은 너그러움에 있다는 것을 항상 명심하도록 하소서
그리하여 그의 아버지인 저도 헛된 인생을 살지 않았노라고
나직이 고백할 수 있도록 하소서

— 자녀를 축복하는 기도문

사람을 사랑하는 아이로 키우세요

☞ [행行] 말보다 행동이 앞선 사람으로 키우세요

말보다 행동이 앞서는 사람? 순간 떠오르는 분이 누구신지요. 저는 왜인지 정주영 님이 떠오르네요. 최근 『시련은 있어도 실패는 없다』란 책을 다시 읽어서 그런 걸까요? 이 책은 제가 아주 감명 깊게 읽은 책이랍니다.

"장애란 뛰어 넘으라고 있는 것이지 걸려 엎어지라고 있는 것이 아니다!"

참 멋진 말씀이지요? 고인의 기개가 생생하게 느껴지네요.

묵묵히 행하는 사람을 보고 우리는 믿음직한 사람이라고 칭찬하지요. 말을 많이 하길 좋아하는 사람치고 자신이 한 말을 행동으로 옮기는 사람은 정말 흔치 않더군요. 특히 장담을 잘하는 사람들은 더하지요.

"내 손에 장을 지져라!"

저는 손에 장을 지진 사람을 본 적도 들은 적도 없답니다.

헌문.21 기언지부작즉 위지야난
其言之不怍則 爲之也難

자신이 한 말이 실천되지 않음을 부끄러워하지 않는 사람의 말은 이루어지기가 어렵다는 뜻입니다.

요즘은 행동으로 신용을 잃기보다는 말로써 잃는 경우가 더 많은 것 같습니다.

식언食言을 식사食事하듯 한다면 믿음이 갈 수 없겠지요.

얼마 전 결혼식에 갈 일이 있었습니다. 아내와 함께 차를 몰고 가려고 주차장으로 가니 차가 깨끗하게 세차 되어 있더군요. 좀 전에 차를 쓴 사람이 아들이기에 이렇게 문자를 보냈지요.

"아들, 고마워요!"

제게 열쇠를 주면서도 세차했다는 말을 하지 않은 아들이 더욱 믿음직스럽더군요.

선한 일은 행한 후 우연히 그 일이 알려질 때 더욱 빛난답니다!

사람을 사랑하는 아이로 키우세요

너무 말을 안 해도 그렇지요?

다 아시다시피 세상에서 제일 무뚝뚝한 남자하면 경상도 사나이들 인데 퇴근해서 집에 오면 딱 세 마디 말만 한다지요. "아는?", "밥 묵 자.", "자자."

그러나 이는 우리 장인어른을 모르고 하는 말입니다. 토박이 충청 도 양반이신 장인께서는 참 근엄하신 분이셨습니다. 제가 결혼하고 처가에 갔을 때 장인 어르신은 일박 이일 동안 제게 딱 두 마디 하셨습 니다. 아랫목에 자리 잡고 앉으셔서 "왔남?", "어여 가아~." 참 소 같은 분이셨지요.

언젠가 저희 집에 오셔서 장모님께 이렇게 전화하시더군요. "아 여 봐! 나여~ 난디 나 내일 내려갈텨 전화 끊어!" 그냥 당신 하시고 싶 으신 말만 하고 끊으시는데 그 어투는 또 어떠신가요. 소리가 크고 퉁명 스럽다 보니 남이 들으면 다투시는 줄로 오해할 정도랍니다.

한때 장인어른을 저희 집에 모셨을 때 있었던 일입니다. 제가 열심 히 성경을 읽어 드리고 난 후 이젠 믿음이 좀 생겼으려니 해서 아내가 묻습니다. "아버지 예수님 믿으세요?" 해도 대답이 없으십니다. 그저 눈만 끔뻑끔뻑하고 계시더군요. 어쩌다 기분이 좋으신 날이면, 아니 묻는 딸 입장 봐주셔서 하시는 말씀. "예수님 믿으시죠?", "암." 개운치 않은 아내는 또 묻습니다.

"아버지, 천국 있는 거 믿으시죠?"

"가 봐야 혀~. 암 가 보지 않고 아남?"

그러던 장인께서 어느 날부터 변하셨습니다. 아주 새사람이 되셨답니다. 경상도 사나이 뺨치시던, 그 말 없고 무뚝뚝하시던 분이 언제부터인지 간병인들께 "고마워유.", "수고 많아유." 라고 인사도 하신답니다. 눈물도 자주 보이시고요. 한마디로 고집불통 소가 순한 양이 된 거지요. 지난 2009년 1월 기축년 소의 해에 소고집 조상환 장인께서 세례를 받으시다니 참으로 꿈만 같았지요. 생전에 장모님께서 하시던 말씀이 귀에 들려왔답니다.

"어여들 예수 믿어~, 안 믿으면 쓰남? 지만 손핸디~."

평생 육 남매 기르시느라 소처럼 일만 하시다 돌아가신 장인어르신! 그 은혜 우리는 더 이상 갚을 길이 없네요.

사람을 사랑하는 아이로 키우세요

장사꾼과 사업가

병자 궤도야 兵者 詭道也

전쟁은 속이는 것이다

— 손자孫子

상인이란 낱말의 어원을 아시나요?

나라가 망하자 은殷나라(은殷나라의 본래 이름은 상商나라였음)의 백성들은 떠돌이 유목민 신세가 되어 연명延命의 방편으로 물건을 팔며 다녔습니다. 그래서 그들을 일컬어 상인商人이라고 불렀는데 훗날 이 명칭이 장사를 하는 모든 사람을 가리키는 일반명사가 된 것이지요. 우리나라에서는 언제부터인가 상인 중에서도 떠돌아다니며 장사하는 사람을 가리켜 행상行商이라 부르고, 정착하여 장사하는 사람들을 좌고坐賈라 부르게 되었지요.

저는 상인에는 두 가지 부류가 있다고 생각합니다. 하나는 장사꾼이고 다른 하나는 사업가입니다.

장사꾼 : 상업을 전쟁처럼 타인과 싸움(경쟁)

사업가 : 상업을 신용으로 자신과 싸움(도전)

장을 끝마치며

군자로 키우세요

• 군자君子란 •

[신信] 군자 주충신主忠信 : 항시 믿음이 가는 사람

[지智] 군자 능용인能用人 : 사람을 잘 부리는 사람

[예禮] 군자 화위귀和爲貴 : 늘 화목하게 하는 사람

[의義] 군자 유어의喩於義 : 의를 참 좋아하는 사람

[인仁] 군자 애인야愛人也 : 백성을 사랑하는 사람

대화가 필요해

신은 왜 인간을 창조하셨을까요. 우선 이 질문에 대해 "신이 어디 있어?"라는 부정否定은 잠시 미뤄 두고 글을 읽어 주시길 바랍니다. 우선 신이 있다고 가정한 다음에, 제 이야기를 들어 주시길 바라는 거지요.

신도 혼자 있으면 할 수 없는 게 있답니다. 무엇일까요. 정답은 바로 관계입니다. 전지전능하다는 신께서도 홀로 존재한다면 관계할 수 없는 게 사실이지요. 그렇다면 신은 왜 인간을 창조하셨는가, 라는 질문에 한 가지 대답이 생기는 것 아닐까요?

'신은 관계하기 위해서 인간을 창조한 것이다!'라고요. 그렇다면 신은 왜 인간과 관계하려 하실까, 하는 질문이 자연스럽게 나오게 됩니다.

신은 왜 인간들과 관계하려고 하실까요? 직접 물어보면 분명한 이유를 알 수 있겠지만 유감스럽게도 우리는 신을 볼 수 없답니다. 그러니 물을 수도 없지요.

관계에는 크게 두 가지, 좋은 관계와 나쁜 관계가 있습니다. 신께서는 분명 좋은 관계를 만들기 위해 인간을 창조하셨을 겁니다. 우리 인간도 자신에게 나쁜 물건은 만들지 않지요? 그러니 '현명한 신께서 인간과 나쁜 관계를 맺으려고 창조하시지는 않았을 것이다!'라는 답을 얻을 수 있네요.

다시 이런 질문이 떠오릅니다. 좋은 관계를 맺으려면 무얼 어떻게 해야 할까요. 아부와 아첨? 선물 공세? 뇌물 공세? 함께 생각해 봅시다. 자신이 신이라면 좋은 관계를 위해 인간들이 무엇을 해 주길 바랄까요? 필요한 모든 것을 이미 가지고 있는 신이라면? 제가 신이라면 저는 대화를 하고 싶을 겁니다.

신과 우리의 관계를 생각하는 시간을 통해 우리는, 나와 내 자식과의 관계에 대한 많은 답을 얻을 수 있을 거라 생각합니다. 그래서 이 이야기를 꺼낸 것이고요.

자식을 낳은 후 제일 답답한 게 무엇일 것 같나요? 아기가 말을 못 하는 것이 답답합니다. 소통이 안 되는 것, 참 답답하지요.

그래서 사람들은 아기에게 말부터 가르치지요. 이심전심以心傳心이란 말도 있지만 서로 관계를 맺으려면 대화가 필요하니까요.

부자지간의 대화? 결코 쉽지 않습니다. 대화는 대부분 일방적으로 흘러갑니다. 신과 인간의 대화하고는 반대이지요. 우리나라의 경우 피차 바쁘다 보니 부자지간의 대화를 식탁에서 제일 많이 나누게 되는 것 같습니다. 부탁하건대 제발 식탁에서는 훈계하지 마시기 바

랍니다. 아무리 좋은 음식도 꾸중의 양념이 더해지면 제 맛을 잃게 되니까요.

반면 사랑과 존중과 칭찬의 양념이 살짝 뿌려지면 아무리 변변치 않은 음식이라도 보약이 될 것입니다.

자녀와의 대화. 모두 잘하고 계신가요? 자녀에게 칭찬은 많이 해주고들 계시지요? 칭찬은 대화의 활력소입니다.

말이 씨가 된다는 말이 있습니다. 우리 어린 시절을 떠올려 봅시다. 그 시절 어머님들은 칭찬은커녕 자식 욕 많이 하시며 키우셨답니다.

"나가 뒈져라! 육시랄 놈! 벼엉신 같은 놈, 머저리, 등신, 쌍놈의 자식, 염병할 놈, 저 문둥이 같은 놈이."

누가 그러더군요. 그 시절 대한민국 어머니들이 자식에게 하는 말 중에 저주가 아닌 복을 비는 말이 딱 하나 있었다고요.

아이 코를 잡고, "흥해! 흥!"

이게 무슨 축복이냐고요? 이 단어를 한자로 풀면 축복입니다. 흥은 흥할 흥興 자니까요. 그나마도 한자를 모르는 아이들은 어머님의 그 소리에도 복을 받을 수 없었겠지요.

잊지 마세요. 칭찬은 고래도 춤추게 합니다. 심지어 칭찬은 직장 상사上司도 춤추게 한답니다.

질문을 잘하는 아이로 키우세요

겸손한 사람으로 키우려면 말을 많이 하는 아이로 키우기보다는 말을 잘 들을 줄 아는 사람으로 키우는 게 좋습니다.

공자께서는 말 잘하는 사람을 좀 과하다 싶을 정도로 싫어하셨는데, 시간이 지날수록 왜 그러셨는지 이해가 되더군요.

> 혹왈 "옹야인이불녕." 자왈 "언용녕?"
> 或曰 "擁也仁而不佞." 子曰 "焉用佞?"

논어 공야장 편에 보면 이런 이야기가 나옵니다. 어떤 사람들이 제자 염옹을 가리켜 인仁 하지만 말을 잘 못한다고 하자, 공자께서 이렇게 되묻지요. "말 잘해 어디다 쓰려고?"

여기서 말하는 녕佞은 바른말 또는 진실된 말을 잘하는 것을 뜻하는 것은 아닙니다. 교묘하게 꾸미는 말, 소위 말해 기름칠한 말을 뜻하지요.

> 나무가 다하면 불이 꺼지고 말쟁이가 없어지면 다툼이 쉬느니라. — 잠언

말을 많이 하면 실수도 많아집니다. 그래서 다툼을 불러오기도 하지요. 말을 많이 하는 것의 폐단은 이외에도 많지만 가장 큰 손해

는 남의 말을 들을 기회가 그만큼 줄어든다는 것입니다.

반면에 질문을 많이 하는 것은 참 좋습니다. 질문을 하는 것은 유익한 일이지요. 좋은 질문에서 출발해서 역사를 바꾼 사람들의 예가 얼마나 많은가요.

항우는 "어떠냐!"를 외치며 자신을 과시하길 좋아했으나 유방은 "어떻게 하지?" 하고 묻기를 잘했다고 합니다.

항간에는 질문법이 두 사람의 운명을 갈랐다고 보는 견해도 있더군요.

공야장.14 민이호학 불치하문

敏而好學 不恥下問

공문자는 영민하여 배우기를 좋아하여 아랫사람에게 묻는 것을 부끄럽게 여기지 않았다

요즘 현실 이야기를 해 볼까요? 어느 교실에서 한 학생이 손을 번쩍 들었습니다. 이 학생은 과연 어떻게 됐을까요?

욕을 엄청 먹게 되지요. 왜냐고요? 질문 때문입니다. 무슨 질문을 했냐고요? 잘 모르겠으나 아무튼 욕을 먹었습니다. 질문을 잘못했냐고요? 아닙니다.

그러면 왜 욕을 먹은 것일까요? 정답은 타이밍 때문입니다.

수업을 마치는 종이 쳤는데도 "질문 있습니다!" 말했거든요.

이처럼 수업 말미에 "질문 있는 사람?" 하고 묻는 관행, 속히 시정되어야 합니다!

쉬어 가기

• 영구의 일기 •

엄마가 있어 좋다

나를 예뻐해 주셔서

냉장고가 있어 좋다

나에게 먹을 것을 주어서

강아지가 있어 좋다

나랑 놀아 주어서

아빠는

왜 있는지 모르겠다

한국 사람에게는 바보 하면 바로 떠오르는 캐릭터가 있습니다. 바로 영구이지요. 7080 세대에게 영구는 영원한 구제 불능, 그러나 친근한 바보이지요.

그 영구가 하루는 명동에서 열심히 검문을 하고 있었답니다. 정말 심각한 표정으로 영구가 물었대요.

자식 농사 천하대본

"주민등록증 좀 볼 수 있을까요?"

왜 검문을 했을까요. 간첩을 잡으려고? 아니면 수배범을 잡으려고? 아닙니다. 영구는 경찰이 아니거든요. 그렇다면 왜 그랬을까요? 가여운 우리 영구, 며칠 전에 그만 주민등록증을 잃어버렸다고 하네요. 그걸 어떻게든 찾아보겠다고 하루 종일 저러고 있는 거지요.

그래서 물어봤대요. "어디서 잃어버렸니?", "한강에서요!"

기가 막히는 대답이었습니다. 잃어버린 곳은 한강인데 명동에 와서 찾고 있다니요. 한 사람이 영구에게 다시 물었지요. "왜 여기서 찾는 거야?"

영구 왈 "아저씨는 속담에 어두우시군요. 한강에서 뺨 맞고 명동에서 화풀이한다는 속담 모르시나 봐? 제가 바보에요? 한강에서 찾게, 범인은 분명히 명동에 왔다니깐요."

영구 이야기를 하나만 더 하겠습니다.

영구 아빠는 중국집 사장님이지요. 어느 날, 영구가 시험을 보고 아빠에게 말했어요.

"아빠, 나 오늘 시험에서 한 개만 빼고 다 맞았어요."

"에그, 대체 무슨 문제를 틀렸니?", "보통의 반대가 뭐냐는 문제였어요."

"그래, 뭐라고 썼는데?", "곱빼기요! 곱빼기가 맞잖아요?"

四章

자연을 즐기는 아이로 키우세요

모든 소리가 고요해진 가운데 홀연히 한 마리 새소리를 들으면 문득 그윽한 취미를 불러일으키고, 모든 초목이 시들어진 다음에 한 가지 빼어난 꽃을 보면 모든 무한한 삶의 기운이 움직임을 아노니. 이로써 사람의 본성은 항상 메마르지 않고, 기동하는 정신은 사물에 부딪치어 가장 잘 나타남을 알지니라.

— 채근담

시를 즐기는 아이로 키우세요

웃음이 없이 / 참으로 부자가 된 사람도 없고 / 웃음을 가지고 / 정말 가난한 사람도 없다 / 그런데 / 웃음은 살 수도, 빌릴 수도 없고, / 도둑질할 수도 없는 것이다

— 「웃음예찬」, 데일 카네기

참 멋진 시詩지요? 시란 이런 것입니다. 지혜로운 사람이 아니라면 어떻게 이런 멋진 시를 읊조릴 수 있을까요.

우리나라에도 시 하면 결코 빠질 수 없는 한 분이 있답니다. 어머니와 함께 화폐의 초상이 된 인물!

모든 어머니들의 로망인 율곡 이이李珥는 구도장원九度壯元이라는 별칭을 갖게 되신 분입니다. 이분은 평생 총 아홉 번의 과거시험을 보셨다고 합니다. 그런데 그 아홉 번 모두 장원급제를 하셨답니다.

첫 과거였던 진사 시험을 봤을 때가 그의 나이 열두 살! 요즘 말하자면 초등학생이 수능에서 수석을 한 격이랄까?

석류 껍질이 부서진 붉은 구슬을 싸고 있네

그분이 지은 시입니다. 봐도 봐도 정말 대단한 시라는 생각이 듭니다. 혹시 "뭐가 대단하다는 거야?"라고 생각하신 분 계신가요?

그럼 놀라운 사실을 알려드리죠. 이 시는 율곡 선생께서 3살 때 읊으신 시라고 합니다.

율곡 선생님의 시를 하나 더 볼까요?

숲 속 정자에 가을이 깊었으니 시인의 생각 끝이 없네 / 저 멀리 흐르는 강물은 하늘에 닿아 푸르고 / 서리 맞은 단풍은 해를 따라 붉어가네 / 산은 외로운 달을 토해 내고 강은 만 리의 바람을 머금었네 / 하늘을 가로지르는 저 기러기 어디로 가는 걸까 / 저무는 구름 속으로 울음소리 끊기누나

과연 이번 시는 선생님의 연세가 어떠하실 즈음에 읊으신 것일까요. 나이가 좀 지긋하실 때일까요? 대충 짐작하시는 나이가 있을 듯한데, 이 시는 아마도 여러분이 짐작하신 나이보다 한참 더 내려가서 요즘으로 따지면 초등학교 입학 즈음에 읊조린 시입니다.

여덟 살! 시만 보면 마치 인생 다 사신 분 같으시죠? 내용에서 보면 선생님께서는 그 나이 때부터 이미 스스로를 시인이라 칭하셨다는 걸 알 수 있습니다.

시를 더 자세히 볼까요? 강과 하늘을 푸름으로 함께 묶고, 단풍과 해는 붉음으로 함께 묶었네요.

그런가 하면 산과 강을 서로 대립시켜 하나는 토해내고 하나는 머금었다고 했네요. 그 산이 토하고 그 햇빛을 머금은 기러기가 푸른 하늘을 가로지르니 그 기러기는 누구를 상징한 걸까요?

'저무는 구름 속으로 울음소리 끊기누나'는 어디서 왔다 어디로 가는지 모르는 무지한 인생을 비유한 것 같네요. 그중 '구름'은 정처 없는 세월 속으로 사라지는 인간의 존재적 허무를 노래한 것 같기도 하고요.

어떠십니까? 만약 내 자녀가 여덟 살인데 이런 시를 읊는다면?

다소 징그러운 느낌이 들겠지만 '참 기특하구나.' 하시며 머리를 쓰다듬어 주고 싶으실 겁니다. 공자께서는 일찍이 흥어시興於詩라고 가르치셨습니다. 아름다운 시를 읊을 줄도 알고 쓸 줄도 아는 자녀로 키운다면 주변의 좋지 않은 환경에 대한 염려를 줄일 수 있지 않을까요?

어린 율곡 선생님의 시가 아무리 좋다 하더라도 경탄을 금치 못할 자연에 대한 관찰 경험이 없다면 이 시가 감동으로 와 닿을 리 없겠

자연을 즐기는 아이로 키우세요

지요. 감탄하세요. 자연에 감탄하면 할수록 우리의 정신은 더욱 건강해진답니다.

만약 율곡 선생께서 강릉 외가外家의 자연 속에서 자라나지 않으셨다면, 그 모친과 외조모께서 시를 가르치지 않으셨다면, 과연 어려서부터 저런 시를 읊으실 수 있었을까요?

시에는 사악함이 없어 선한 자녀로 양육하기에 매우 좋습니다.

공자의 말씀, 시어흥

공자께서는 어린 제자들에게 왜 시를 배우지 않느냐고 힐문하셨지요. 또한 시를 배우면 어떠한 유익함이 있는지에 대해서도 잘 말씀해 놓으셨답니다. 보실까요?

양화.9 시 가이흥 가이관 가이군 가이원
詩 可以興 可以觀 可以群 可以怨

이지사부 원지사군
邇之事父 遠之事君

다식어조수초목지명
多識於鳥獸草木之名

시는 흥미를 일으키며, 관찰하고, 무리를 짓고, 풍자할 수 있게 하며, 가까이는 어버이를 멀리는 임금을 섬길 수 있게 하며, 새와 짐승과 풀과 나무의 이름을 많이 알 수 있게 한다는 뜻입니다.

왜 시어흥詩於興 즉, 어릴 적에 시를 가르쳐서 흥미를 일으키라고 하셨는지, 왜 어렵게 시경을 편수하셨는지, 정말 명쾌하게 설명하셨지요? 흥興, 관觀, 군群, 원怨을 풀이하면 다음과 같습니다.

흥興 : 감정을 표현할 수 있게 하며

관觀 : 사물을 보는 눈을 키우게 하고

군群 : 사람들과 어울릴 수 있게 하며

원怨 : 잘못을 비판하게 한다

자연을 즐기는 아이로 키우세요

음악을 즐기는 아이로 키우세요

사전을 찾아보면 악기란 '음악을 연주하는 데 쓰는 기구를 통틀어 이르는 말'이고, 음악이란 '박자, 가락, 음정 따위를 갖가지 형식으로 조화하고 결합하여, 목소리나 악기를 통하여 사상 또는 감정을 나타내는 예술'이라고 정의되어 있지요. 음악音樂과 악기樂器를 한자로 풀면 답이 더 간단·명확합니다.

음악은 소리를 즐기는 것이고, 악기는 소리를 즐기는 도구

악기는 희로애락喜怒哀樂의 매 순간마다 감정을 고조시킬 수도 있고 차분하게도 할 수 있는 능력을 갖고 있다는 생각이 듭니다.

악기를 하나라도 다룰 줄 알게 되면 주변 사람과 소통할 기회가 많아져서 좋은 것 같고요.

음악은 국경이 없는 만국 공통어입니다. 음악을 이용하여 물질문명 사회를 살아가는 현대인의 고질병, 정신적인 스트레스, 의욕 상실, 불면증, 그리고 애정결핍, 더 나아가 비만이나 변비 등의 증상을 효과적으로 치료할 수 있다고 하네요.

임상臨床실험에 의하면, 심리적 질병뿐 아니라 마음의 이상에서 비롯되는 육체적 질병까지도 음악으로 치료가 가능하다고 합니다.

음악은 감정의 뇌라 불리는 구피질舊皮質을 자극하여 기분이 좋은 상태로 만들어 줍니다. 기분이 좋아지면 감정과 정서가 안정되며 마음의 긴장이 풀려 정신이 통일되고 사물을 생각하는 능력이 높아져 표정에 나타난다고 합니다.

악기는 가급적이면 희喜와 락樂, 기쁨과 즐거움은 더하고 노怒와 애哀, 분노와 슬픔은 덜하게 하는 데 쓰면 좋겠지요.

음악 처방은 부작용이 없습니다. 하루 세 번 복용할 필요도 없습니다. 의사나 약사와 상의할 필요도 없습니다.

자연을 즐기는 아이로 키우세요

동요 사랑을 몸소 실천한 남자

개인적으로 동요 하면 생각나는 분이 한 분 계십니다. 색동요 작곡가이자 어린이 노래그룹 '작은평화'의 대표이신 김정철 님입니다. 그분은 동요 사랑이 참 남다르셨는데요, 그분이 신문에 기고한 글을 소개하겠습니다.

동요 작곡과 보급활동을 하는 것에 자부심을 느끼게 되는 요즘입니다. 지난 6월 평양에서 열린 남북정상회담에서 회담 대표들이 손을 맞잡고 부른 노래가 바로 동요 〈우리의 소원〉이었으며, 남북분단 50년만에 이루어진 이산가족의 감격적인 상봉현장에서 얼싸안고 함께 부른 노래 역시 동요 〈고향의 봄〉이었습니다.

안석주 작사, 안병권이 작곡한 〈우리의 소원〉은 1947년에 KBS의 전신인 중앙방송국의 어린이시간에서 삼일절 특집 노래극을 만들면서 주제곡으로 탄생된 동요인데, 이후 50여 년 동안 남북한 온 민족이 통일의 염원을 담아 애창하는 겨레의 노래가 되었습니다.

〈고향의 봄〉은 우리나라 서양음악의 선구자인 홍난파 선생에 의해 1920년대 후반에 발표된 동요인데, 이 노래 역시 남북한에서 남녀노소가 함께 부르는 겨레의 노래가 되었습니다.

지난 달 대한가족보건복지협회에서 주최한 〈엄마 젖이 최고〉 노랫말 경연대회 '노랫말 바꿔부르기'에서 출품작이 가장 많은 장르 또한 〈섬집 아기〉, 〈옹달샘〉, 〈초록빛 바다〉, 〈옥수수 하모니카〉 등의 동요였습니다. 엄마 아빠의 아기 사랑하는 마음을 잘 표현하기에는 동요가 제격이라고 생각했기 때문일 것입니다.

어린이가 동요를 부르지 않고 성인 가수들의 노래를 흉내내어 부르는 것이 보기 민망하다고 걱정하는 사람들이 간혹 있기는 하지만, 그렇다고 어린이가 동요를 열심히 부를 수 있는 환경을 만들어 주거나 애쓰는 사람은 더욱 많지 않은 것이 현실입니다. 어린이가 동요를 잘 부르지 않는 이유는 무엇일까요?

전파매체가 발달하면서 대중가요와 CM송 등 현란한 상업음악이 홍수를 이루어 차츰 어린이들의 눈과 귀를 빼앗아 가니 동요는 시시하다고 생각하는 어린이가 점점 늘게 된 것이지요.

늘 누군가를 우상으로 삼고 싶어하는 어린이들인만큼 자기가 좋아하는 가수의 노래를 즐기려 하는 것은 당연한 일일 수도 있습니다.

그러나 세상에 공부하기 좋아하는 어린이가 몇이나 되겠습니까? 싫어도 하지 않으면 안 되는 일이 있듯이 어린 시절 특히, 초등학생 때에는 반드시 동요를 많이 부르면 좋겠습니다.

동요의 노랫말은 아름답고 순수하며 문학성이 뛰어난 시로 되어 있어서 착하고 아름다운 마음씨를 간직하고 자라게 해 줍니다.

자연을 즐기는 아이로 키우세요

어른이 되어서도 동심을 간직하고 사는 사람들이 많은 사회가 되면 얼마나 좋을까요?

그래서 저는 '언제나 동심으로 살고 싶은 우리 모두의 노래가 바로 동요'라고 믿고 동요 보급을 위해 오늘도 이리저리 뛰어다니고 있습니다. '노래로 세상을 아름답게'라는 구호를 외치며 1994년에 어린이 노래그룹 '작은평화'를 창단하여 주로 동요를 부르며 공연활동을 하고 있는데, 해가 갈수록 출연요청이 늘고 있어 큰 보람을 느낍니다.

사람들은 돈도 잘 벌리지 않는 일을 한다며 '동요에 미친 사람'이라 하더니 언젠가부터는 '동요계의 마당발'이라고 했습니다.

그리고, 이제는 '동요박사'라는 영예로운 별명으로 불러 줍니다.

동요를 부르면서 어릴 적 해맑은 동심의 세계로 다시 한 번 돌아가 보면 어떨까요?

김정철 | 색동요 작곡가, 어린이 노래그룹 '작은평화' 대표,
한국동요음악연구회 사무국장

만약 음악이 존재하지 않는다면

만약 아기를 품에 안은 엄마가 자장가를 부르지 못한다면

만약 연인 앞에서 사랑의 세레나데를 부르지 못한다면

예배에 성가대가 없다면

영화에 음악이 없다면

라디오에서 말소리만 나온다면

인생에 음악이 없다면…….

인생에 음악이 없고 인생에 노래가 없는 세상은 과연 어떨까요. 상상해 보신 적 있으십니까? 아니, 상상조차 하기 싫으시죠? 음악은 정서 순화에 많은 도움을 준답니다. 음악의 부드러운 선율은 불만이나 긴장감을 해소시켜 주지요. 어린 학생이 공부를 하다 답답하거나 집중이 잘 되지 않을 때 음악을 들으면 마음의 안정을 찾고 머릿속이 맑아진다고 합니다.

음악은 뇌의 발달에 많은 도움을 준답니다. 특히 클래식 음악은 뇌의 발달에 도움이 되는 자극을 준다고 합니다. 음이 진동해서 청각적인 자극을 주어 그것이 뇌에 전달되면 뇌 발달에 아주 좋은 영향을 미친다고 하네요.

임상실험 결과 동요나 클래식이 좋다고 하니 많이 들려주세요!

자연을 즐기는 아이로 키우세요

음악이 얼마나 좋은지 아시나요

일석이조
一石二鳥

아이를 가진 산모가 클래식을 들으면 진동수에 자극을 받아 태아의 뇌 발달에 도움이 된다고 합니다.

1. 태아는 10주를 전후해 소리와 진동을 의식하므로 임신 기간 내내 꾸준히 듣는다
2. 자연의 소리는 마음을 평온하게 한다. 새 소리나 파도 소리 등을 녹음해서 듣는 것도 좋다
3. 클래식과 국악은 자연의 소리에 가깝다고 알려져 있어 태교에 효과적이다
4. 팝이나 가요라도 엄마가 듣고 편안해진다면 좋은 효과가 있으므로 엄마의 취향이나 정서에 맞는 음악을 고른다

음악은 태아의 뇌 발달은 물론 엔케팔린의 분비를 활성화하고 도파민을 보다 많이 분비시켜서 정신적으로 상처 입은 사람의 마음을 평온하게 만든답니다. 때로는 카운슬러의 말보다 더 큰 효과가 있

기도 하지요.

음악을 이용한 이러한 요법療法은 정신적 장애 치료에만 한정된 것이 아니라 치매에도 효과가 있다고 하지요. 도파민에는 주의력을 증가시키는 효능이 있으므로 치매로 산만해진 뇌 상태를 개선할 수 있다고 합니다.

> • 음악요법
>
> 20세기 초, 미국에서 우울증에 걸려 고생하는 병사를 대상으로 치료에 이용한 것이 시초다

엄마가 아이와 함께 음악을 들으면 아이에게는 물론, 엄마에게도 좋은 일석이조一石二鳥의 효과를 볼 수 있습니다. 거기에 덧붙여, 치매도 미리미리 예방할 수 있습니다!

자연을 즐기는 아이로 키우세요

태아에게 좋은 음악

| 아침 추천 음악 |

- 차이코프스키 : '잠자는 숲 속의 미녀' 중 폴라카, 안단테 칸타빌레, 행진곡

- 모짜르트 성악곡 : 봄의 서곡

- 슈베르트 : '악흥의 순가' 중 3번

- 그리그 : '페르귄트' 중 아침, 솔베이그의 노래, 아라비아의 춤, 아니트라의 춤

- 베토벤 : 교향곡 6번 전원

- 요한스트라우스 2세 : 아름답고 푸른 도나우 강

| 밤 추천 음악 |

- 슈베르트 : 자장가, 아베마리아, 들장미

- 모짜르트 : 자장가

- 브람스 : 자장가

- 베토벤 : 엘리제를 위하여, 월광소나타

- 고다르 : 조슬랭의 자장가

- 크라이러 : 자장가

- 드뷔시 : 월광

- 샤논 : 아일랜드 자장가

- 거신 : 서머타임

　　엄마의 심리적 안정과 평안함은 태아에게 매우 중요하지요. 무엇
보다도 동요나 클래식 음악이 좋다는 것은 이미 알려진 상식입니다.
물론 다른 건전한 음악도 나쁘지 않답니다.

　　그러나 같은 음악이라도 시간적으로 아침에 좋은 음악이 있고 저
녁이나 밤에 좋은 음악이 있다고 하네요. 위는 우리나라 교육 보험 회
사가 추천한 음악을 정리한 것이니 참고하시기 바랍니다.

자연을 즐기는 아이로 키우세요

여행을 즐기는 아이로 키우세요

여행은 제3의 독서입니다

지혜를 구하는 데 으뜸은 독서이지만 여행을 하면서도 독서를 할 때만큼의 지혜를 얻을 수 있답니다.

여행의 가장 큰 장점은 책 읽기를 좋아하지 않는 사람도 즐길 수 있다는 점입니다. 여행은 독서에서는 얻을 수 없는 행동을 통한 직접 경험을 선사합니다. 더욱 생생하고 더욱 기억에 남는 지혜를 말이지요.

'여행은 다른 문화, 다른 사람을 만나고 결국에는 자기 자신을 만나는 것'이라는 한비야 님의 말을 아시나요? 이 훌륭한 표현은, 여행이 나 자신을 알게 하는 데 매우 좋은 수단임을 깨우쳐 줍니다.

독서를 하는 중요한 이유 중 하나는 자신의 정체성을 깨닫기 위

함입니다. 그리고 여행 역시 나 자신을 알게 해 주지요.

　여행은 인생을 겸손하게 만든다. ― 프뢰벨

　여행과 병에는 자기 자신을 반성한다는 공통점이 있다. ― 미상

　여행이란 우리가 사는 장소를 바꾸어 주는 것이 아니라 우리의 생각과 편견을 바꾸어 주는 것이다. ― 아나톨

　여행이란 젊은이들에겐 교육의 일부이며 연장자들에겐 경험의 일부이다. ― 베이컨

　군이 여행이 제3의 독서라는 걸 설명하지 않더라도 여행에 대한 수많은 명언이 이를 웅변하고 있습니다.

　책을 읽으면 겸손해지고, 반성을 하게 되고, 편견을 버리게 되고, 교육이 되는데, 여행 역시 그렇다는 것이지요.

　자식에게 만 권의 책을 사주는 것보다 만 리萬里의 여행을 시키는 것이 더 유익하다. ― 중국 속담

　위의 중국 속담은 한 발 더 앞으로 나갔네요. 역시 중국인은 과장을 잘하는 민족입니다.

자연을 즐기는 아이로 키우세요

여행을 즐기는 아이로 키우려면

☞ 주말에는 가족여행을 떠나세요

"여행 좋은 거 누가 모르냐고요. 시간도 없고 돈도 없어서 못 하는 거지."

혹시 이런 생각 하시는 분 계신가요?

이해합니다. 요즘 세상은 빈익빈 부익부 시대! 참 안타깝게도 중산층이 점점 무너지고, 갈수록 민생은 어려워지고 있습니다. 많은 가정의 가계가 힘들다는 것 저도 안답니다.

그런데 이런 마음을 갖다가도 도처에 걸려 있는 유소년 대상의 학원 간판을 보거나 근사한 학원 버스를 보는 순간, "아직 사람들이 많이 어렵지는 않은가 보다."라는 생각을 갖게 되더군요.

"다 같이 학원 보내지 맙시다!"

왜 학부모위원회에서는 이런 결의를 하지 않는 걸까요? 어린 자녀 학원 보낼 돈 있으면 모아 두었다가 여행이나 보내시지, 차라리 해외에 보내면 참 좋을 텐데…….

학원비를 모았다가 여행을 가면 좀 좋습니까? 지방 경제에도 큰 도움이 될 텐데 말입니다. 음식 장사, 숙박 장사 모두 잘 될 테고, 이 모두가 서민이 하는 장사여서 더 좋은 일이 아닐까요?

가계는 여유로워져 좋고 소비는 절로 늘어나지요. 모두가 훨씬 더 행복해지는 길이 눈앞에 있는데, 뭐 이런 부질없는 생각도 해 본답니다.

초등학생 이하를 대상으로 하는 학원은 가급적 예체능 학원으로 전향하고 유소년기 아이들을 자연으로 돌려보내야 할 때입니다.

저는 비교적 교제交際를 즐기는 편이라서 고교 동창이나 친한 이웃과 어울려 주말여행을 자주 다녔습니다. 주로 아이들을 데리고 여행을 다니다 보니 어떤 날은 같이 간 친구에게 이런 질문을 받기도 했지요.

"애들 시험 때 아니야?", "맞아!", "그런데 애들은 어떻게 데려왔어?", "시험공부는 평소에 해야지."

제 학창시절을 돌이켜보면 벼락치기 공부에 일가견이 있는 위인이었던 것 같습니다. 그러니 내 아이들까지 벼락치기 위인이 되게 할 수는 없다는 생각이 들더군요.

그래서 아들딸 벼락치기 공부를 막고자 더 자주 여행을 다녔지요. 저처럼 하다 자녀가 시험 망칠까 걱정되신다고요? 염려 마세요. 습관은 들이기 나름입니다. 다 적응하게 되어 있습니다.

자연을 즐기는 아이로 키우세요

쉬어 가기

• 얄미운 여자 •

20대 : 공부도 잘하고 예쁜 여자

30대 : 놀 것 다 놀다 신랑 잘 만나 긴 차 타고 다니는 여자

40대 : 공부 못했는데 자식은 잘하는 여자

50대 : 헬스도 안 다니는데 건강한 여자

60대 : 성형수술 안 했는데 주름 없는 여자

70대 : 부자 남편을 먼저 떠나보낸 여자

아들하고 떠나는 남자들만의 여행

먼저 무자無子하신 분들께 정중히 이해를 청하고 이 글을 씁니다. 아들하고 단 둘이서 첫 여행을 떠난 것은 아들이 고등학교 1학년 때였지요. 어디로 갔냐고요? 일박 이일로 부산까지 다녀오는 계획을 짠 후 먼저 안동으로 향했답니다. 기왕 여행하는 것 도중에 친한 벗에게 들러 얼굴도 보고 아들을 인사시키는 것도 좋을 듯해서요.

첫 기착지 안동에는 제 동기생이지만 평소 존경해 마지않던 한민구 대령(후일 합참의장)께서 마침 연대장 근무를 하고 계셨답니다. 미리 통보하고 갔더니 반갑게 맞아 주셨고 안동댐 근처에서 그곳 향토음식인 메기 매운탕을 대접해 주시더군요. 아들은 언젠가 그때의 메기 매운탕이 죽였었노라고 엄지손가락을 치켜세우더군요.

아들하고의 여행을 부러워하며 손을 흔들어 주시는 한 대령 내외의 환송을 받고 부산으로 향했답니다. 지금 생각해도 부산 숙소에서의 느낌은 참 생소했었지요. 난생 처음 아들하고 단둘이 하는 외박! 그것이 그렇게 어색할 줄은 미처 몰랐답니다. 가정에서 아내가 주는 안정감이 무엇인지 그때야 비로소 알게 된 것이지요.

이튿날은 강 씨만 두 분 만났지요. 두 분 모두 최전방 동해안 경비사령부 전우들이랍니다. 한 분은 산전수전 공중전 모두 함께 겪은 동기생 강모 대령(후일 소장)이었고 다른 한 분은 의리의 사나이 삼사 4기생 강모 중령으로 제가 아끼고 사랑하는 후배 강유미의 아빠이지요. 강유미가 육사에 입교하던 날 유미네 온 가족이 제 차로 함께 갔었답니다. 육사가 여성들에게 굳게 닫았던 문을 처음 개방하자마자 기다렸다는 듯 치고 들어가 점령한 잔 다르크 같은 여성이지요. 수석 입학에 최근 사법고시 합격까지, 아버지를 계속 경기驚氣 일으키게 하는 여걸이랍니다. 아무튼 이 여행은 우리 부자의 관계를 더욱더 돈독하게 하는 것은 물론 그 이상의 의미를 간직한 추억이 되었답니다.

자식농사 천하대본

☞ 해외여행, 빠를수록 좋습니다

해외여행. 저는 육군사관학교 4학년 때까지 한 번도 비행기를 타보지 못했었지요. 그 시절에는 저 같은 사람이 대부분이었습니다. 국내로 가는 항공기조차 타 보지 못했으니 해외여행은 당연히 가보질 못했지요.

어떤 생도生徒는 비행기는커녕 바다도 한 번 본적이 없다고 했는데, 그래도 저는 바다는 몇 번 보았으니 조금 나은 편이었지요. 바다를 구경 못한 그 친구 고향이 어딘지 알고 나서 웃었던 기억이 납니다. 충청북도, 사면이 육지陸地로 에워싸인 유일한 도道입니다.

1974년 그해 여름 난생처음 대망의 비행기를 타게 됩니다. 그때는 일주일이라는 짧은 기간에 무려 다섯 번이나 연속으로 비행기를 타고서도 착륙을 한 번도 해 보지 못했습니다. 그러니 탔다고 하기도 그렇고 그렇다고 안 탔다고 하기에도 억울한 비행이었지요.

도대체 세상에 무슨 그런 비행이 있냐고요? 있습니다. 바로 공수낙하 비행입니다.

이렇게 저는 비행기에 맺힌 원한과 늦은 해외여행 경험을 가지고 있습니다. 그런 탓에 제 아들에게는 좀 더 일찍 비행기를 타게 해 주고 해외여행의 기회도 주고 싶었지요.

그렇게 벼르고 있는데 드디어 제 아들이 고등학교 1학년이 됐을 때, 우연찮게 좋은 기회가 찾아왔습니다.

제가 국회에 근무할 당시에는 한일 의원연맹에서 주관하는 한일 학생상호 교환방문 프로그램이 있었습니다. 아주 유능하고 의리 있는 고향 후배 이동진 님이 큰 도움을 주어, 제 아들이 교환학생으로 선발된 것이죠.

아들은 일본 동경에서 동경대를 비롯한 일본의 명문 대학생들과 침식을 같이 하며 4박 5일을 지내고 왔습니다. 이 여행은 아들에게 일본이라는 나라의 선진한 면모를 알게 해 줬을 뿐만 아니라 일본 명문 대학생의 수준과 학구열에 대해서 직접 보고 느끼고 알 수 있게 해주었지요. 정말 유익한 여행이었습니다. 지금은 모 대학 교수가 된 후배님, 그때는 참 고마웠다는 말을 전하고 싶군요.

바다, 하니까 문득 제 장모님이 떠오르네요. 앞에 말한 생도生徒는 충청북도에서 살았으니 '바다가 육지라면'이라는 노래를 자주 부르고 위로하며 살아왔다고 하지만 바다가 지척인 충청남도 청양에 사시는 장모님께서는 어찌된 일인지 평생 바다 구경 한 번 못 하신 채 살고 계셨습니다.

아내와 결혼 후 15년이 다 된 어느 해, 처가에 들렀다가 이 사실을 우연히 알게 되었지요. 저는 즉시 장모님께 "장모님, 어여 채비하세요. 저희가 당장 장모님 모시고 대천 앞바다로 갈게요!"라고 했지요.

제 말을 들으신 장모님은 기뻐하는 것도 잠시, 이내 반색을 감추시더군요. 그 이유는 알고 보니 바로 큰처남 때문이었습니다. 장모님은 슬하에 2녀 4남, 모두 육남매를 두셨는데 장녀가 제 아내이고 둘째가 큰처남이었지요.

그때만 해도 아들이 귀한 시절이었으니 저희 장모님, 큰처남 낳으시고 얼마나 좋으셨겠습니까? 그런데 이 애지중지하며 키운 큰처남이 돌 무렵 심하게 경기驚氣를 했고, 이를 보다 못한 아내의 외할아버지, 장모님의 부친께서 응급처치를 하다 그만 뇌에 손상을 입혔다고 합니다.

그러니까 장모님은 50여 년을 지체부자유에 정신 장애를 앓은 큰처남이 마음에 걸리셨던 겁니다. 눈치를 챈 저는 "큰처남! 큰처남도 같이 바다구경 갈텨?"라고 했지요. 그랬더니 저희 큰처남, 씩 웃으며 "으응." 하더군요.

바다에 가려고 큰처남을 차에 태우는 데만 과장 좀 해서 30분 정도가 걸렸습니다. 큰처남은 한 발 올렸다가는 내리고 한 발 내렸다가는 다시 올리고를 반복하다가 타더군요.

이렇게 해서 도착한 대천 앞바다. 장모님께서는 차로 한 시간도 채 걸리지 않는 이 지척의 바다를 환갑이 넘도록 한 번도 못 보고 기구한 세월을 보내셨던 거지요. 이렇게 장모님에 관한 글을 쓰고 있으니 마음이 아파 눈물이 흐르네요. 큰아들 때문에 대문 밖도 맘 놓

자연을 즐기는 아이로 키우세요

고 넘지 못하신 장모님!

바다 앞에서 "아, 가슴이 뻥 뚫린다!" 하고 60여 성상星霜의 회한을 다 토해 내시던 장모님의 그 한마디 외침이 지금도 귀에 생생합니다. 유난히도 푸르렀던 그해 그 바다. 그리고 장모님……

장모님! 당신이야말로 우리의 바다였답니다!

☞ 기행문을 읽게 하세요

제 친구 중에는 동명이라는 이름을 가진 본받을 만한 친구가 두 명 있답니다. 둘 다 공교롭게도 김 씨, 김동명이지요. 저는 수첩에 둘의 이름을 쓸 때면 구별을 위해 꼭 대大나 소小 또는 1, 2를 넣어 표기한답니다.

몇 학년인지는 기억이 나지 않지만 우리가 배운 중학교 국어교과서에 이런 구절이 있었습니다.

'동명아, 남해 지도를 펴보아라.'

아마 기행문이 등장하는 단원이었던 것 같습니다. 글의 내용은 남쪽 바다 다도해의 풍광을 소개하는 내용이었던 것으로 기억합니다.

아주 어릴 적 수업 시간에 읽었던 글귀가 아직도 기억이 나는 걸

보면, 어린 시절의 독서는 어른이 되어서까지 큰 영향을 끼치는 게 분명합니다. 그때 그 글귀로 인해 얻은 남해의 인상이 아직도 지워지지 않는군요.

여행을 떠나기 전에 관련 기행문을 읽으면 여행 정보를 얻는 데 큰 도움이 될 뿐만 아니라 '아는 만큼 보인다.'는 속담처럼 여행 가서 볼 수 있는 게 더 많아지지요.

해외여행을 떠나는 사람들이 점점 많아지고 있다고 합니다. 패키지 여행을 가는 경우도 많아졌고요.

패키지 여행을 떠날 때 여행사 가이드만 믿고 별다른 준비 없이 떠나가기가 십상인데, 준비 없는 여행을 하기보다는 미리 여행지에 대해 알고 가야 고효율 여행을 할 수 있지 않을까요.

요즘은 여행 관련 서적을 구입하지 않더라도 인터넷 사이트를 검색하면 다양한 정보를 얻을 수 있지요. 여행은 그 자체로도 좋지만 출발 전부터 설레며 준비하는 과정을 즐길 수 있으면 더 좋습니다.

거기에 덧붙여, 다녀온 후에까지 즐길 수 있다면 더 좋겠지요? 사진첩을 정리하는 것은 많이들 아시는 일반적인 방법이고요, 기행문을 직접 써서 남길 수 있다면 그야말로 최고이지요. 여행 가는 자녀들에게 기행문을 쓰는 것, 꼭 권해 보세요.

제가 아는 분들 중에는 여행을 가면 사진 찍기를 싫어하는 분들이 제법 계시더라고요. 그런데 그러시면 안 됩니다. 남는 건 사진밖

자연을 즐기는 아이로 키우세요

에 없으니까요.

7~8년 전 고교시절부터 줄곧 사귀어온 친구 및 가족들과 일본 여행을 갔을 때였지요. 그때 함께 간 일행 대부분이 뜻밖에도 사진 찍는 걸 기피하는 겁니다. 그래서 저는 반 강제로 사진을 찍게 했지요. 돌아와서 가족 당 하나씩, 그것도 후일 기억하기 좋게끔 설명을 달아서 정성껏 앨범으로 만들어 선물로 주었답니다. 반응은요? 한 번 더 가자고 난리들이지요. 그때 일본으로의 초청은 물론 현지 안내와 숙식까지 일괄 제공해 주셨던 신희수(당시 한국관광공사 일본 본부장)님과 부인께 감사드립니다.

여행 가시면 사진 많이 찍고 오세요. 찍는 순간에 제발 치아 좀 내놓으시고요.

☞ 여행 프로그램을 시청하세요

그래도 시간이 나질 않거나 경제 사정이 여의치 않아 못 가시는 분들이 혹 계실지 몰라 한 가지 더 말씀 드립니다. 영상으로 되어 있는 좋은 여행 콘텐츠가 넘치는 세상입니다.

여행 프로그램 시청 전, 자녀와 함께 여행 분위기를 한껏 잡으시고 현지 음식이나 음료도 준비하신 후 관람을 해 보세요.

등산도 좋은 여행입니다

여러분은 취미가 무엇입니까? 최근 한국 갤럽이 실시한 설문조사에 따르면 조사 결과 등산, 독서, 음악 감상, 운동, 영화감상순으로 결과가 나타났다고 앞서 말씀 드린 것 기억나시나요?

한국 사람들은 등산을 참 좋아합니다. 산이 워낙 많기도 하고 자연 속에서 풍류를 즐기는 걸 무척 좋아하는 민족이기 때문입니다. 그래서 갤럽 설문조사에서도 등산이 1위를 한 것이겠지요.

옹야.21 자왈 지자요수 인자요산
子曰 知者樂水 仁者樂山

지자요수 인자요산! 산은 공자님 사상의 요체인 인仁을 품고 있으니 등산은 아주 좋은 취미라고 할 수 있습니다.

그래서일까요? 산을 수시로 찾는 사람 중에 악한 성품을 지닌 분들이 드문 것 같다는 생각이 드네요.

젊어서 한때 주말에 쉬지 않고 힘들게 등산 다녀오시는 분들을 오해한 적이 있지요.

"저분들, 월요일에 피곤해서 어떻게 일들 하시지?"

나이 들어 등산을 즐기게 되니 그때 참 바보 같은 걱정을 했구나, 하는 생각이 들더군요. 우리 몸이 등산에 적응이 되면 등산 후 피곤

자연을 즐기는 아이로 키우세요

은커녕 오히려 힘이 나는데 말입니다.

저는 젊어서 5년을 700m가 넘는 산악지대에서 근무한 관계로 한때는 산이 지겨워 상관 않고 살았던 때도 있었습니다. 그런데 어느 날 갑자기 건강에 이상이 생기더군요.

우연찮은 기회에 '마금회'라는 산악회를 조직해서 다섯 쌍의 부부가 산림청 지정 100대 명산 완등을 목표로 산행을 시작한 지도 벌써 2년이 되었습니다. 그리고 지금은 잃었던 건강을 되찾았습니다.

'마금회'가 뭐냐고요? '마누라를 금쪽같이'의 준말이랍니다.

'늙어서 돈을 자식한테 맡기면 이자는커녕 본전도 못 찾는다.'고 하지요? 그런데 산은 돈 꿔 달란 말 절대 하지 않습니다. 오히려 건강이라는 좋은 선물을 주지요. 등산? 보약이 따로 없습니다.

산이 좋은 이유 하나만 더 말해 볼까요?

우리네 대인관계는 항아리 같습니다. 사람은 관계하는 만큼 세상에 영향을 미치고 살다가 갑니다. 젊어서는 어떻게 해서든 더 많은 사람들과 알고 지내려고 열심이지만 나이가 들수록 관계의 폭이 좁아지기 마련이지요. 항아리의 외형처럼 말입니다.

직장을 그만두게 되면 관계의 폭이 즉각 좁아지고 친구들도 집 가까이 사는 친구들 위주로 모이게 되기 십상이지요. 그러나 친구는 나이가 들수록 더욱 필요하고 또한 소중한 존재입니다.

자식농사 천하대본

친구는 나이가 들수록 더 절실하게 필요한데 현실은 그 반대로 흘러가네요.

이럴 때 위로가 되는 친구가 산이 아닐까요? 산은 우리가 언제 찾든 그 자리에서 반갑게 맞아 줍니다. 예약불문豫約不問! 산은 술을 억지로 권하지 않습니다. 담배도 절대 권하는 법이 없지요. 내 건강이, 체력이 어떤 상태인지도 잘 알려 줍니다.

나이 들어 이보다 더 좋은 친구가 있을까요?

자연을 즐기는 아이로 키우세요

1박 2일

지자요수知者樂水.

지난 2007년부터 제가 머슴이 되어 섬기는 〈삼백회〉라는 모임이 있답니다. 육군사관학교 31기 1학년 때 같은 중대였던 중대원들의 친목 모임이지요. 총 12개 중대 중에 제가 속한 중대는 4중대였고 중대의 심벌은 백곰이었답니다. 명칭이 왜 〈삼백회〉냐고요? 삼은 31기의 3과 일 년에 적어도 세 번 씩 만나자는 모임의 취지를 함께 담은 것이며, 백은 백곰과 100번 만나고 죽자는 의미를 함께 담았지요. 그래서 이름 하여 삼백회! 일 년에 세 번씩 만나면 10년이면 30회, 30년이면 90회, 100번 만나려면 적어도 33년은 더 살아야 하는데 그러면 대략 100세! 백자에는 이런 의미도 포함 되어 있지요.

이 〈삼백회〉는 지난 2007년, 당시 군단장을 하시던 김영후 동기님 부부의 초청으로 4월 28일에 시작하여 그해 7월 28일 대구대학 이동근 교수님 부부의 영덕 장사 해수욕장 초청 모임에서 일박 이일 이벤트로 자리를 잡았답니다. 가급적 매회 부부동반 일박 이일을 원칙으로 모임을 진행해 왔는데 병무청장이 된 김영후 동기의 재초청 모임까지 지난 5년 동안 계획한 대로 총 16회를 가졌답니다.

그간 전국 팔도를 누비며 계절마다 수려한 자연과 더불어 사랑도

하고 우정도 쌓고 추억도 많이 만들었지요. 감사한 것은 횟수가 거듭될수록 이 모임이 점점 더 격조 있게 변하는 것입니다. 어느덧 계란 두 판 예순의 나이! 가장 스릴 있었던 〈단양 남한강 래프팅〉, 가장 럭셔리한 모임 〈환상의 섬 증도 엘도라도〉, 가장 고생한 모임 〈백령도〉 모두 물水과 더불어 즐긴 시간이네요.

그간 좋은 모임을 주최해 주신 수자원 공사 이성수 님 부부, 경상대 김진규 님 부부, 해운항만청 출신 문형근 님 부부, 그린 에너지 대표 손희만 님 부부, 당시 기계화학교장 전의식 장군 부부, 전 공우 ENC 김동욱 사장 부부, 김명수 교수님 부부, 이선철 장군 부부, 전 여수 부시장 최오주 님 부부 등 많은 분들께 지면을 빌어 감사드립니다. 그리고 열성당원 임윤근 님, 사진작가 심광섭 교수님 부부, 오세채 세무사님 부부, 한삼성 상무님 부부, 조재근 태영 상무님, 윤희만 이목회 회장님과 모든 특별 회원님, 그리고 삼백회 회원 여러분! 감사합니다!

자연을 즐기는 아이로 키우세요

장을 끝마치며

『자연에서 멀어진 아이들』의 저자인 미국의 리처드 루브에 따르면 2005년 미국의 정신질환을 앓고 있는 어린이는 800만 명 정도이며 그중에서 ADHD(주의력 결핍 과잉행동장애)는 가장 흔한 질환으로 보통 만 7세 이전에 발병하고 8세와 10세 사이에 진단을 받는답니다. 이런 아이들은 산만해서 집중을 하지 못한다고 하지요. 지시사항을 경청하지도 않고 지시 받은 대로 하지도 않는다고 합니다. 또한, 성격이 난폭하거나 사회성이 떨어지기도 하고 학습 수행 능력도 매우 부족하다고 합니다.

지난 2000년에서 2003년 사이에 미국에서 ADHD 증상이 있는 미취학 아동 중에 약물을 처방 받은 아이들의 숫자가 무려 369%나 증가했다고 합니다.

최근 ADHD의 원인으로 밝혀진 주범은 텔레비전이라고 합니다. 2004년 4월 미국 시애틀 아동병원 및 지역 메디컬센터의 보고에 따르면 미취학 아동의 경우 텔레비전을 보는 시간이 하루 한 시간 늘 때마다, 일곱 살 이전에 주의력이 부족해지거나 기타 주의력결핍장애 증상이 나타날 확률이 10%씩 증가했다고 합니다.

그러나 이러한 증상은 등산을 하거나 자연에서 놀 때 그 증상이 현저히 완화된다고 합니다.

신토불이身土不二

우리 사회는 아이들이 자연에서 만나고 경험하는 것을 아주 잘 막고 있지요! 지금 이 순간에도 아이들과 자연의 관계는 점점 멀어지고 있습니다! 학부모님들께서는 아주 효율적(?)으로 숲과 들판으로부터 아이들을 격리 시키고 있답니다. 그러니 아이들과 자연 사이의 간극을 시급히 좁혀야 합니다!

사람의 정신과 신체는 물론 영적인 건강도 자연과의 올바른 관계와 밀접한 관련이 있음을 밝히는 연구가 늘어나고 있답니다. 이전에 이루어졌던 연구에 따르면 미취학 아동이 활기찬지를 판단하는 척도는 야외활동의 정도에 있다고 합니다. 어릴 때 집안에만 가만히 있던 아이들은 자라서 정신적 문제를 보일 확률이 크다고 하네요.

자연결핍장애는 인간이 자연에서 멀어지면서 생기는 여러 가지 문제점으로 감각의 둔화, 주의집중력 결핍, 육체적·정신적 발병 증가 등을 포함한다고 합니다.

한편, 어린이들이 풍부한 자연환경 속에서 자랄 때는 신체적, 인지적, 정신적으로 매우 건강하게 큰다고 합니다. 자연에서 즐거운 시간을 보내고 유쾌한 경험을 하는 것은 몸의 세포 하나하나가 살아날 정도로 큰 효과가 있다고 하네요.

유소년기 아이들에게는 시간에 얽매이게 하는 것 자체가 스트레스라고 합니다. 그러니 정해진 시간에 맞춰 매일매일 네다섯 군데나 되는 학원을 다녀야만 하는 아이들은 얼마나 많은 스트레스를 감당하고 지내는 걸까요? 자연에서 놀 때는 시간에 얽매일 필요가 전혀 없을 텐데요.

또한 자연에서 놀이를 하거나 시간을 보내게 되면 정서적으로도 안정이 되고 대인관계도 좋아져서 자연과 멀리 떨어져 자란 아이들보다 친구들이 두 배나 많아진다는 것도 조사 결과 밝혀졌다고 합니다.

인간은 자연의 품속에 있을 때 가장 건강합니다!

동양화 감상법

지난 2008년 북경올림픽 개막식은 전 세계인들에게 문화적 감동을 선사했습니다. 개막식 2부 행사는 중국 역사상 최고의 수묵화 〈천리강산도〉가 그려진 두루마리 위에서 시작되었답니다.

동양화를 평가하는 데는 다섯 가지 기준이 있습니다.

첫째, 전신傳神입니다. 그리고자 하는 대상물의 겉모습이 아니라 본질 즉, 정신을 어떻게 잘 표현했는가를 평가하는 것입니다.

둘째, 품격品格입니다.

1. 능품 : 대상의 외형을 정확히 표현했는지

2. 묘품 : 자신만의 숙련된 기법이 있는지

3. 신품 : 자연과 묘합하는 득도의 경지

4. 일품 : 간솔의 경지. 분명 모자라고 어눌하고 무언가 빈 듯한 면모를 보이나 신격의 경지를 넘어선 경지

셋째, 교졸巧拙입니다. 교는 화려하거나 매끄럽고 아리땁고 달콤하고도 요염한 것. 반면 졸은 질박하고 거친 것. 그러나 교는 속되나 졸은 우아한 것. 교는 여성적 기질, 졸은 남성적 기질을 뜻합니다.

넷째, 허실虛實입니다. 이실전허以實傳虛, 실로써 허를 드러냄. 미학은 단순 재현이 아닙니다. 오관의 감각에서 오는 성색은 단지 사물의 현상일 뿐 본질이 아닙니다. 형색과 명성의 틀을 탈피해야 비로소 대미의 경계에 도달할 수 있다는 것입니다.

다섯째는, 비덕比德이지요. 이는 사물을 빌어 자신 안의 덕성을 표현함을 말합니다.

자녀들과 틈나는 대로 미술관이나 전시회에 다녀오세요!

서양화 중 가장 값비싼 작품은?

뉴욕 소더비 경매 사상 가장 비싸게 팔린 작품 네 가지를 들자면 아래와 같다고 합니다. (2005년 기준)

첫 번째, 구스타프 클림트의 〈바우어의 초상〉 1억 3,500만 달러
두 번째, 피카소의 〈파이프를 든 소년〉 1억 416만 달러
세 번째, 피카소의 〈도라 마르의 초상〉 9,520만 달러
네 번째, 빈센트 반 고흐의 〈닥터 가세의 초상〉 8,250만 달러
그러나 이들 작품보다 훨씬 더 비싼 작품이 있답니다. 뭘까요?

〈모나리자〉입니다.

이 그림의 가격은 대략 10조 유로. 12조 달러 정도? 우리나라 돈으로는 1경 원이 넘지요.

쉽게 말해 세계 최고 부자의 전 재산으로도 살 수 없는 정말 엄청난 고가의 작품입니다.

참고로 말씀드리자면 빌 게이츠의 재산도 100조를 넘지 않는답니다. 오죽하면 "프랑스와도 안 바꾼다."는 말이 나왔을까요? 이 미술 작품이 이렇게 엄청나게 비싼 이유

는 무엇일까요?

> 작가의 솜씨가 들어있다 — 숙련된 기법 / 고행
>
> 작가의 정신이 들어있다 — 고뇌
>
> 작가의 영감이 들어있다 — 영혼

비록 모나리자가 걸작이지만 한낱 불완전한 인간의 작품입니다.
신께서 창조의 절정에서 만드신 인간에는 비할 수 없겠지요.
자녀야말로 당신과 신이 함께 만든 최고의 걸작입니다!

전역 여행

28년 만이었습니다! 911 고지 건봉산 벙커에서 단 3개월을 함께
한 전우 이용준(ROTC 13기) 님이 찾아와 감격의 재회를 한 것은……
첫 임지 동해안 건봉산! 그곳으로 전역 여행을 떠날 줄 누가 알았겠
습니까.

1989년 7월 31일 오전 전역신고를 마친 저는 오후 2시 강릉행 무
궁화호 열차를 타기 위해 아내와 함께 서둘러 청량리역으로 향했답
니다. 거기서 저희 부부를 기다리고 있던 세 명의 친구들과 그 부인
들을 반갑게 만나서 4박 5일 간의 동해안 여행을 위해 모두 함께 열

차에 올랐답니다. 지금 생각해도 정말 고마운 친구들이지요. 박승순, 박용찬, 이영대. 거기에 같은 동기생 노공명(당시 중령)이 하조대에서 우리 일행의 숙소용 천막을 치고 기다리고 있다는 사실은 열차를 탄 후 뒤늦게 알았답니다.

그때로부터 15년 전, 지난 1975년 7월. 저를 포함한 육사 동기생 소위少尉 일곱 명이 바로 이곳 청량리역에서 모여 첫 임지任地인 속초로 떠났답니다. '고래사냥' 노래를 부르며 "삼등~ 삼등 완행열차~기차를 타고!" 하고 말이죠. 그러니까 이 여행은 그때 함께 떠났던 박승순 동기가 "군 생활 속초에서 시작했으니 속초에서 끝내라!"는 뜻에서 계획한 전역 위로여행이었답니다. 그때 그 열차 안에서 누군가 제게 가르쳐 준 "혹시 민간인 되는 수험료 비싸게 내더라도 절대 건강은 잃지 말게, 돈? 명예? 다 되찾을 수 있지만 건강을 잃으면 끝이야!"라는 말은 정말 약이 되는 충고였답니다. 그 친구의 우려대로 제게 위기가 온 것은 전역한 지 불과 5년이 채 안 되어서였지요. 이후 무려 12년이 넘는 세월 동안 아내는 카드를 돌려 막는 게 일이었답니다. 그 12년 안에 IMF 시대가 있었고요. 아내는 감당하기 어려운 빚을 지고 실직까지 한 제게 단 한 번도 책임을 추궁하는 언행을 하지 않았지요. 아니 오히려 언행에 신중을 기하며 단 한 번도 제 자식들이나 친구, 그리고 이웃들 앞에서 저를 낮춘 적이 없었답니다.

그 어두운 터널을 지날 때 아내를 마치 친정 엄마처럼 물심양면으

자식농사 천하대본

로 도와주었던 여동생들, 특히 자식들의 소용所用을 늘 챙겨 주었던 큰 여동생에게 늘 감사하고 있답니다. 그리고 저의 재기를 도와주신 모든 분들께도……. 이제는 저와 제 자식들이 그 은혜를 갚을 때가 되어 기쁩니다. 감사하고요.

닫는 글

우리 모두는 신의 오케스트라

오케스트라는 우리말로 관현악단이라고 하지요. 관현악단의 종류에는 10여 명으로 편성된 실내관현악단에서, 100명이 넘는 인원으로 편성된 대 악단까지 있답니다. 특별히 100명 안팎으로 편성된 대 악단은 교향악단이라고도 부르고요. 교향악단이라는 단어에는 인간이 만든 화음의 극치인 교향곡 연주를 목적으로 편성된 악단이란 뜻이 담겨 있습니다.

인기리에 방영되었던 〈베토벤 바이러스〉라는 드라마 기억하시나요? 이 드라마는 우리나라 최초의 음악 드라마였다고 합니다. 내용을 살펴보면, 어느 날 연주가로서의 성공이라는 꿈을 본의 아니게 접고 살았던 2~3류 연주가들이 한곳에 모여듭니다. 유명한 연주자가 되기에는 어딘가 한군데쯤 모자란 사람들, 겉으로 보기에는 우아하지만 실상은 비굴하고 남루하고 좌절뿐인 이들이 서로 어우러져 만들어 내는 것은 불협화음의 연속이었지요.

서로 다투고 상처 주고 오해하고 흩어지고 다시 뭉치고 각자 다루는 악기가 다르듯 개성이 강하고 화합하기 힘든 이들이, 괴팍하기 짝이 없는 '강건우', '강마에'라는 지휘자를 만나게 되지요. 천재적

자식농사 천하대본

재능을 가졌으나 어릴 적 상처로 관계에 장애가 있는 강마에와 이들은 우여곡절 끝에 함께 어우러져 극치의 화음을 이뤄 내는 데 성공합니다.

이 드라마의 절정은 바로 베토벤의 교향곡 9번 '합창' 중 4악장 '환희의 송가'를 연주하는 장면입니다. 이 드라마는 우리에게 생소했던 클래식 음악과 연주자들을 우리들 가까이로 끌어들인 수준 높은 드라마였지 않았나 생각합니다.

우리는 세상이라는 무대에 서 있는 신의 오케스트라가 아닐까요? 때문에 화합이란 참 중요합니다! 관계를 잘한다는 것은 화음을 잘 내는 것이기도 하고요.

닮은 꼴 임진년

1592년&2012년

시무 16조 상소문(선조 28년 1595년 을미년 7월 초 2일, 대사헌 김륵 등 6인)

형정刑政

안으로는 조정에서, 밖으로는 지방에 이르기까지 인심이 태만해지고 호령이 시행되지 않아 형관은 법을 멋대로 악용하고, 간리들은 권력을 남용함으로써 부정이 유행하고, 상벌을 시행하는 것이 정당하지 못하게 되었습니다.

아! 사람들이 좋아하는 상을 베풀 때에는 아래로부터 위로 올라가야 하는 것이므로, 훌륭한 일을 한 백성이 있으면 조속히 상을 줘야 하고, 싫어하는 형벌을 베풀 때에는 위에서 아래로 내려가는 것이므로 죄를 범한 공경公卿이 있으면 시급히 벌을 줘야 할 것이니, 순舜임금이 사흉四凶을 주벌할 때에, 천하의 대족大族을 먼저 친 것도 이 때문이었습니다.

"이제 고관高官이라 하여 용서해 주고, 난처하다 하여 용서해 주고, 사실과 다르다 속이면 용서해 주고, 오래 지체되었다 하여 방면해 준다면 천하에 죄를 줄만한 사람이 없게 될 것입니다."

위 시무 16조 상소문을 읽노라면 이것이 임진왜란 당시의 조선 선조 때의 상황인지 아니면 지금 우리가 살고 있는 이 시대의 상황인지 알 수 없을 정도입니다. 어쩌다가 작금의 현실이 위와 같은 지경에 이른 걸까요?

정치 무도道! 법정 무의義! 가정 무례禮! 백성 무치恥!
스승은 노동자, 며느리가 상전인 세태

모두 애인愛人, 즉 인仁 하지 않기 때문 아닌가요? 견리사의見利思義, 즉 의義를 외면했기 때문 아닌가요? 극기복례克己復禮, 즉 예禮를 버린 때문 아닌가요? 국민 앞에 겸손하지 않기 때문, 즉 지智의 가르침을 잊은 때문이 아닌가요? 행동보다 말이 앞선 때문, 즉 신信의 가르침을 망각한 때문이 아닌가요?

공자의 가르침 인仁·의義·예禮·지智·신信이 필요한 때입니다.

효자로 키우세요

효도孝道도 어렵지만 불효不孝를 당하는 것은 더 어렵습니다. 행복을 원하신다면 정성을 다해 효자孝子로 키우셔야만 합니다. '자식 크면 다 소용없어.'라고요? 글쎄요, 자식이 크면 소용없을지 모르지만 결코 관계를 끊고 살 수는 없지요. 자녀가 효자가 되면 피차 얼마나 좋은데 이 좋은 걸 포기하면 절대 안 되지요.

첫째, 부모께 먼저 함께 효도해야

둘째, 부부가 먼저 서로 존중해야

셋째, 부모가 먼저 아이 사랑해야

내 자녀를 효자로 만들기 위한 최고 좋은 방법은 무엇일까요? 앞서 말씀드린 것 기억나시지요? '효도하고픈 부모가 되어 주는 것'이라고 알려드렸지요?

물론 효도는 어렵습니다. 매우 어렵지요. 그러나 중요한 것이지요. 공자께서는 이 점을 매우 잘 아셨던 분이랍니다.

효孝가 얼마나 중요하면 증자曾子라는 제자를 통해 효경孝經이란 경전을 따로 편찬하게 하셨겠습니까?

효는 인仁의 근본이기도 하지만 만복의 근원이라고 말해도 결코 과언이 아닌 것 같습니다.

효孝를 유산으로 남기는 것이 부모로서 자식에게 해 줄 수 있는 최고의 선물이지 않을까요? 잘 생각해 보세요. 자녀에게 부모로서 줄 수 있는 것이 얼마나 되겠습니까?

자녀를 복 받게 하고 장차 자녀가 행복하길 원하신다면 반드시 효자孝子로 키우시기 바랍니다!

청렴淸廉한 자녀로 키우세요

술이 15. 불의이부차귀 어아 여부운

不義而富且貴 於我 如浮雲

의롭지 않은 부귀는 나에겐 뜬구름과 같도다

요즘 세상에 불의하지 않은 돈만으로 산다는 것 그리 쉬운 일은 아닌 것 같습니다. 소득에 비해 쓸 데가 너무 많기 때문이지요. 남의 이목 때문에도 그렇고 비싼 아파트 때문에도 그렇고 무엇보다도 자식 사교육私教育 때문이 아닌가요? 솔직히 말하자면 '의롭지 않은 부귀는 뜬구름과 같다.'는 말씀이 틀린 말은 아니지만 안 하셨더라면, 아니 몰랐으면 더 좋았을 듯한 말씀이 아닌가요, 그렇지요?

한때, 자고 나면 오르는 게 아파트 값이었지요. 이 아파트 값 상승으로 인한 재산 증가도 엄밀히 따진다면 불로소득입니다. 그러나 결국 어떻게 되었나요? 모두 부자 되셨나요? 잠시 부자 된 착각을 하고 살았을 뿐 아닌가요? 세월이 지나 자식들 시집·장가보내고 살 집 장만해 주려다 보니 그제야 손해 본 사실을 깨닫게 되지는 않았는지요. 불로소득이 이러한데 불의한 소득은 더 말할 필요도 없지요.

불의한 돈은 순간의 이로움을 줄 수 있으나 반드시 대가를 치르게 하지요. 그러니 어려서부터 불의한 소득, 불로소득에 대한 교육을 철저히 하는 것이 좋지 않을까요? 그래야 부정부패 없는 미래가 올 테니까요.

화목하게 지내는 사람으로 키우세요

오케스트라의 주 구성은 현악 파트와 관악 파트로 나뉩니다.

먼저 현악 파트는 바이올린과 비올라, 첼로, 콘트라베이스로 나뉘고, 같은 바이올린이라도 제1바이올린과 제2바이올린으로 나뉘어 구성됩니다. 관악 파트는 목관 파트와 금관 파트가 있으며, 목관 파트에는 오보에, 클라리넷, 피콜로, 파곳, 플루트 등이 있고, 금관 파트는 호른, 트럼펫, 트럼본 등의 악기로 구성되어 있습니다. 다음으로 타악기 파트가 있는데, 팀파니, 심벌즈, 탬버린이 있습니다.

여러분은 어떤 악기를 좋아하십니까? 각자의 취향이 다르겠지만, 일반적으로 객석으로부터 가장 주목받는 악기를 좋아들 하실 겁니다. 바이올린과 비올라, 첼로 등이 그런 악기입니다.

그런데 만약 모든 단원들이 서로 바이올린이나 첼로를 연주하려 한다면 어떻게 될까요? 50명의 바이올린 연주자와 50명의 첼로 연주자가 단 위에 서는 모습을 상상해 보시기 바랍니다. 참 멋지겠지요? 단원 모두가 만족스러울 겁니다.

그러나 이런 구성으로는 교향곡 연주가 불가능합니다. 아니, 연주 자체는 가능할지 모르나 적어도 작곡가가 의도한 화음은 만들어 낼 수 없습니다.

우리가 좋아하지도 존중하지도 않는 악기, 특히 타악기가 없다면 교향곡은 결코 완성될 수 없을 것입니다.

자식농사 천하대본

인생도 마찬가지입니다. 인생이란 무대에 주연 배우만 서 있다고 상상해 보시기 바랍니다. 결코 조화를 이룰 수 없겠지요. 아니 세상이 단 하루라도 운영될 수 없을 것입니다.

그런데도 많은 부모님들은 하나같이 내 자식 만큼은 바이올린이나 첼로 연주자가 되길 원하십니다. 주연 배우가 되길 원하시지요. 인기 있는 악기를 연주해서 남들로부터 주목받기를 원하시지요. 자녀의 재능은 상관없이 말입니다. 인재시교人材施教가 필요한 때입니다. 그래야 세상이 조화를 이루고 화음이 완성됩니다.

그러니 어디서든 화목和睦하게 지내는 자녀로 키우세요!

공자를 넘어야 나라가 산다

공자께서는 인간의 본성本性과 천도天道 즉, 하늘의 이치 천리天理에 대해서는 가르침을 삼가셨습니다. 왜 그리하셨을까요? 본성과 천도에 대한 식견이 부족하셔서 그랬을까요? 제 생각에는 아마 형이상학적 공리공담에 빠지게 될 것을 미리 아셨기 때문에 그러신 것 같습니다.

거듭 말씀드립니다. 주희朱熹 이전의 송나라 학자들이 이 본성과 천리天理를 본격적으로 건드리기 시작하는데 그 이유는 불교와 도교의 정교한 이론체계에 자극 받아서입니다. 성리학性理學은 인간의 본

성과 천리天理를 궁구한 학문인데 공자께서는 이 성性과 천도天道를 말씀하신 적이 없으시니 주희라는 분이 집대성한 이 성과 천도에 관한 성리학 이론은 분명 공자님의 이론이 아니며, 그분과는 아무 상관이 없습니다.

송나라 주희朱熹에 의해 집대성 된 성리학은 조선의 성리학자들에 의해 공리공담으로 흐른 나머지 결국 이 씨 조선朝鮮 망국의 학문이 되어버리고 맙니다. 웬만한 분들은 이미 잘 아는 사실史實이지요?

이에 다산 정약용 선생님께서는 주자학에서 벗어나 공맹孔孟 경전經傳 본래의 뜻을 찾고 이를 발전시켜 실사구시實事求是의 학문으로 다시금 되돌리기 위해 무려 232권에 달하는 방대한 경학 연구서를 저술하셨습니다. 일표 이서一表 二書는 선생님의 대표작이고요.

반면 이 나라가 화폐에 초상을 넣고 기리는 퇴계 이황李滉과 율곡 이이李珥, 이 두 분께서는 주희의 학문에 깊이 빠진 나머지 이기론理氣論 논쟁을 불러일으킨 장본인들이십니다. 과연 화폐의 초상으로 기릴만한 분들이신가요? 주희의 '성리학의 오류'를 정확히 파악하고 공자님의 본래의 가르침으로 돌아가서 그분의 사상을 독창적으로 발전시킨, 공자님 이후 가장 빛나는 학문적 성취와 진보를 이룬 대학자는 우리의 다산 정약용 선생님이십니다! 다음 화폐에는 이분의 초상을 넣는 게 어떨까요? 다산 정약용 선생의 학문을 발판 삼아 공자를 넘어야 나라가 살 것입니다!

자식농사 천하대본

자녀를 왕으로 키우세요

한자 왕王은 한 일一자가 셋인데 맨 위가 하늘天, 맨 아래가 땅地, 그리고 가운데가 사람人을 의미한다고 합니다. 즉, 왕이란 하늘과 사람과 땅을 하나 되게 하는 사람이란 뜻을 표현했다고 풀이할 수 있답니다.

비록 통치자라 할지라도 하늘과 땅과 특히 백성의 바른 뜻을 거스른다면 그는 결코 왕이 아니지요. 반면에 누구든지 천명을 알고 땅의 규범을 알아 사람을 섬긴다면 그가 바로 왕王이지요.

부디 '자궁子宮'에서 태어난 귀한 자녀들을 왕으로 키우시기 바랍니다. 산이 작으면 맹수가 없고 물이 얕으면 큰 물고기가 없지요. 부디 큰 산 깊은 물로 키워 주시기 바랍니다!